3쿠션 바이블 ①

초판 1쇄 인쇄   2022년 1월 5일
초판 1쇄 발행   2022년 2월 5일

지은이 김원상
발행인 김중영
발행처 오성출판사

주소   서울시 영등포구 양산로 178-1
전화   02-2635-5667
팩스   02-835-5550
등록   1973년 3월 2일 제13-27호

ISBN   978-89-7336-846-4 04690
             978-89-7336-845-7 04690 (세트)

www.osungbook.com

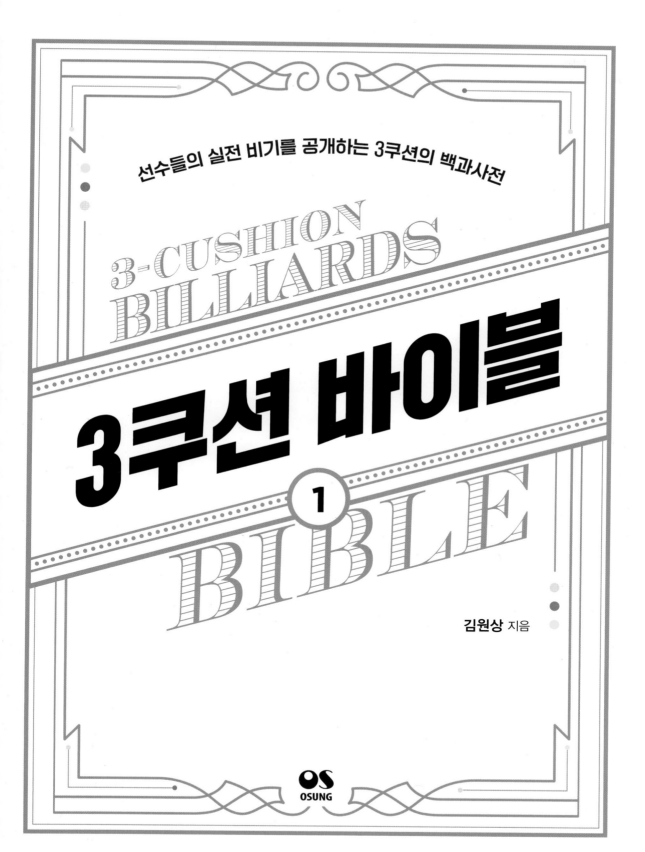

선수들의 실전 비기를 공개하는 3쿠션의 백과사전

3-CUSHION
BILLIARDS

3쿠션 바이블

1

BIBLE

김원상 지음

OSUNG

프롤로그

한국인들의 3구 사랑은 각별하다. 그러므로 실력 향상 또한 중요하다. 독자들은 남들의 경기를 보고 즐기기만 하는 것이 아니라 자신의 실력을 향상시키고 싶을 것이다.

4구 경기를 하면서 배우고 다듬을 수 있는 기초적인 이론과 기술을 익히지 않고 3쿠션 경기에 입문하면 빨리 실력을 키우고 싶은 마음에 계산법부터 배우게 된다.

서두르고 조바심 내지 말자.

당구는 몇 가지를 배워서 단기간에 엄청난 발전을 이룰 수 있는 잡기가 아니다. 큐를 다룰 수 있는 근육을 단련하고 하체와 허리 근육을 만들어야 하는 운동이다.

지금 처음부터 다시 시작한다고 해도 절대 늦은 것이 아니다. 기초부터 차근차근 배우고 익혀서 발전할 수 있는 틀을 만들어야 본인들도 만족할 것이다.

아쉽게도 대한민국에는 마땅한 당구 연습장이 없다. 그러기에 잠깐이라도 연습할 수 있는 자료를 독자들에게 공개한다.

어떤 운동 종목도 연습이 없이 발전할 수 없다. 이 책이 연습을 하고 실력을 향상시키는 데 도움이 되기를 바라고 제자를 육성하는 지도자들에게도 참고서가 되기를 바란다.

대한당구연맹
傘下 서울당구연맹

Carom 선수 김 원 상

목차

기초 총정리

PART

뒤 돌리기

나는 하수인가? 고수인가?

여러 가지 질문을 하며 스스로 점검해 보자.

Q 당구를 즐기기 위한 장비(큐, 가방, 초크, 장갑 등)를 가지고 있는가?

네 ①　아니오 ②

Q 당구를 즐기기 위해서 당구장에 가는가? 아니면 술내기를 하기 위해 당구를 치러 가는가?

오락 ①　술 ②

Q 당구를 운동이라고 생각하는가? 잡기라고 생각하는가?

운동 ①　잡기 ②

Q 빠른 스트로크를 할 때 선택한 큐를 끝까지 똑바로 뻗을 수 있는가?

네 ①　아니오 ②

Q 내가 선택한 두께가 정확하게 맞는지 내 공과 목적구가 맞는 순간을 관찰하는가?

네 ①　아니오 ②

Q 샷과 동시에 제1목적구의 움직임이 보이는가?

네 ①　아니오 ②

Q 힘이 모자라서 득점을 하지 못했을 때 자신을 탓하는가? 아니면 당구대를 탓하는가?

자신 ①　당구대 ②

Q 두께를 먼저 결정하는가? 당점을 먼저 결정하는가?

두께 ①　당점 ②

Q 내 공이 쿠션을 맞은 후에 내가 선택한 회전력의 변화를 알고 있는가?

네 ①　아니오 ②

		네	아니오
Q	남들이 기본구라고 말하는 것이 나에게도 기본구인가?	①	②

		네	아니오
Q	나보다 수지가 낮으면 같이 경기를 하기가 싫은가?	①	②

		네	아니오
Q	내가 이길 확률이 높은 사람과 경기를 하고 싶은가?	①	②

		못한	잘한
Q	자신이 한 경기 중에 못 치고 진 경기가 기억나는가? 잘 친 경기가 기억나는가?	①	②

		직선	현란
Q	내 공이 평범하게 직선으로 진행하는 것보다 휘어 다니고 현란한 것이 더 선호되는가?	①	②

		네	아니오
Q	어쩌다가 성공한 것을 내 실력이라고 생각하고 있는 건 아닌가?	①	②

		네	아니오
Q	계산법을 적용하지 않고, 자신의 회전력과 쿠션의 도착 지점을 알고 있는가?	①	②

		네	아니오
Q	자신이 고수라고 나보다 수지가 낮은 사람을 무시하진 않았는가?	①	②

		네	아니오
Q	연습을 해야만 실력을 향상할 수 있다. 보고 들은 정보는 많이 있을 것이다. 그것을 내 것으로 만들기 위해 연습을 하는가?	①	②

기본자세

많은 교본에 나와 있는 기초, 자세(Address), 조준(Aiming) 등의 자세는 표준이라 할 수 있지만 모두가 이런 자세를 취하지는 못한다.

그렇다고 기본기를 무시하고 변칙적인 자세를 익히면 안 된다.

힘이 들더라도 기본자세가 익숙하도록 반복 연습해야 하고, 그 이후에 공의 배치, 신장, 팔 길이 등의 신체조건과 종목에 따라서 변형된 자세를 익혀야 할 것이다.

글로써 자세를 설명한다는 것이 어렵기는 하지만 참고하기 바란다.

발 놓는 위치 오른손잡이

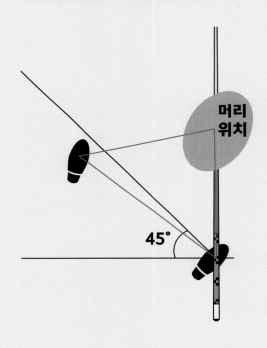

1 큐를 겨누고자 하는 방향으로 당구대에 걸쳐 잡고 오른 발등 이 큐의 수직 아래에 위치하도록 놓는다.

2 왼발을 어깨너비로 벌리면서 편안하게 선다. 이때 45도 선 을 넘지 않도록 한다.

3 허리를 자연스럽게 인사하듯 숙이면 얼굴이 큐 위에 위치한다.

4 자연스럽게 왼팔을 들어 Bridge를 잡고 시선은 큐 끝을 바라본다.

자세를 취할 때 왼발을 놓는 위치는 공이 어떤 배치에 놓이느냐에 따라서 조금씩 달라질 수 있고, 당구의 종목에 따라서도 다양하게 바뀔 수 있다. 가장 기본적인 왼발의 위치는 45도 선을 넘지 않도록 하고, 양 다리에 체중을 50 대 50으로 분산되도록 서는 것이 바람직하다. 왼발이 45도 선을 넘으면 그만큼 척추가 왼쪽으로 휘는 자세를 취하게 되고 그에 따라서 목도 왼쪽으로 꺾이게 되므로 척추 측만증과 목 디스크를 유발할 수 있다. 몸의 이상뿐만 아니라 시야도 좁아지므로 왼발이 45도 선을 넘지 않도록 자세를 취하는 것이 바람직하다.

왼발 놓는 위치 오른손잡이

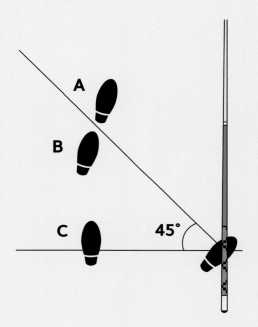

A 당구대에 몸의 오른쪽을 붙이면서 쳐야할 때 또는, 빠른 배팅이 필요할 때 취하는 자세로 왼쪽 무릎을 구부리는 정도에 따라 체중이 왼쪽 다리에 70% 이상 실린다.

B 기본자세에서 가슴이 큐가 겨누는 방향으로 약간 열리는 자세로 강한 배팅보다는 보통 빠르기로 구사할 때 취한다. 왼쪽 무릎의 구부리는 정도에 따라 왼쪽 다리에 60% 또는 50%의 체중이 실린다.

C 포켓경기에서 많이 취하는 자세로 오른쪽 다리에 60% 이상의 체중이 실린다. 4구나 3쿠션 경기에서는 배팅이 별로 필요하지 않고 두께를 정확하게 구사해야하는 배치에서 취하는 자세이다.

상황에 따라서 여러 자세를 자연스럽게 구사하여야 하고, 그러기 위해서 기본자세를 완벽하게 익혀야 한다.

등과 허리

곧게 펴서 당구대에 큐걸이(Bridge)를 편안하게 올릴 수 있는 각도까지 숙인다.

큐걸이

표준 브릿지(Standard Bridge)와 여러 상황에 따른 브릿지를 소개하겠다. 표준 브릿지는 먼저 손가락을 벌려 곧게 편 뒤에 중지를 손바닥 방향으로 끌어당긴다. 중지의 두 번째 마디에 엄지의 첫 번째 마디의 관절을 대면 엄지와 검지 사이에 공간이 생긴다. 그 상태로 테이블 바닥에 손을 내려놓는다.

엄지와 검지 사이의 공간에 큐를 넣고 검지를 구부려 자연스럽게 큐를 잡아준다.

표준 브릿지 Standard Bridge

변형 브릿지 1 Bridge

변형 브릿지 2 Bridge

레일 브릿지 Rail Bridge

하지 말아야 할 브릿지 Bridge

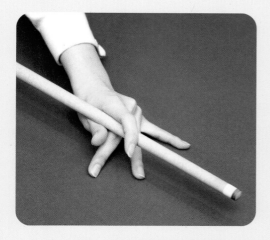

공간이 있는 큐걸이

검지로 큐를 감싸지 않고 큐가 좌우로 움직일 공간을 만드는 것은 매우 좋지 않은 방법이다. 이런 큐걸이는 빠른 샷을 시도 할 때에 큐가 손가락에서 빠지게 되므로 원하는 당점을 놓치는 실수로 이어진다.

손바닥을 띈 브릿지

당구대 바닥에서 손바닥을 띄고 중지, 약지, 애지 만으로 브릿지(Bridge)를 형성하는 동호인을 많이 보았다. 브릿지는 큐가 안정감 있게 왕복운동을 할 수 있도록 하기 위한 받침대이기 때문에 장애물이 있는 경우가 아니라면 최대한 안전하고 단단하게 버텨 주도록 해야 할 것이다.

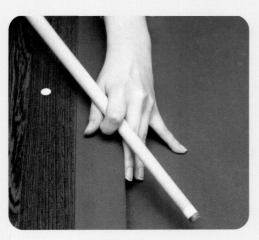

레일에 붙이지 않은 큐

레일 브릿지(Rail Bridge) 경우 큐를 레일(Rail)에 붙이지 않고 표준 브릿지(Standard-Bridge)를 그대로 레일에 얹고 샷(Shot)을 하는 경우가 많다. 이럴 경우 큐가 위에서 아래로 내리찍히면서 내공의 진행에 변화가 생긴다.

고의적으로 해야 할 경우가 아니라면 최대한 수평을 유지하도록 한다.

그립 Grip

큐를 잡는 부분, 또는 잡는 부분에 끼우는 소모품을 그립(grip)이라고 한다. 큐걸이에서 큐를 15cm~20cm 정도 내민 상태에서 반대 손은 큐와 팔뚝이 90도 정도 되는 위치를 잡는다.

이때, 큐는 계란을 감싸듯이 자연스럽게 쥐도록 한다. 하지만 이 그립법으로 고정되어서 샷(Shot)을 한다면 큐가 오르락내리락하면서 잘되지 않을 것이다. 스트로크(Stroke) 연습방법을 설명하면서 팔꿈치와 손가락의 움직임에 대하여 추가로 설명하기로 하겠다.

스트로크 연습 방법

깨끗한 스트로크(Stroke)를 익히기 위해서는 공이 없이 빈 스트로크를 연습하는 것이 가장 효과적이다.

실제로 내공이 15cm~20cm 거리에 있는 것처럼 연습하자.

1   예비 스트로크를 3번하고 나서 같은 리듬으로 4번째는 실제로 공을 치는 것처럼 길게 뻗는 실스트로크를 1번 하는 것을 1회로 한다.

2   위와 같은 반복 동작을 중간에 일어나지 않고 연속으로 연습하는 것이 중요하다. 만약, 100회를 했다면 매일 조금씩 횟수를 늘리면서 꾸준히 내 몸의 근력과 지구력을 늘리자.

두께 나누기

두께는 공의 부피로 나누는 것이 아니라 목적구의 지름을 나누는 것이다. 목적구의 지름을 균등분배하여 내공과 겹치는 정도를 두께라고 한다.

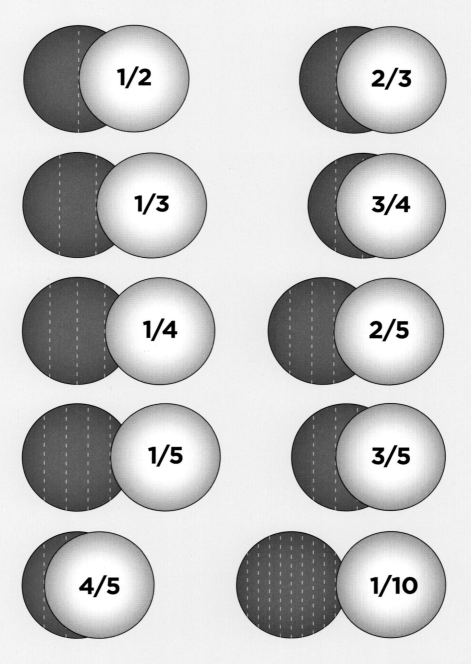

분리각

내 공의 진행 방향에 대하여 두께에 따른 목적구와 내 공이 분리되는 각도를 말한다. 두께 1/2을 겨냥하여 목적구를 맞힌다면 내 공은 M에서 출발하여 목적구와 부딪치는 순간 M' 위치에 도착할 것이다. 목적구는 내 공과 목적구의 구심점을 연결한 방향으로 진행하고 내 공은 목적구의 이동 방향에 대하여 직각 방향으로 진행한다.

실제로 종이에 그려서 각도기로 재 보자.

(필자도 포켓 선수에게 두께의 이론을 배우기 전에는 두께가 1/2이면 내 공과 목적구는 45도씩 벌어진다고 알고 있었다.)

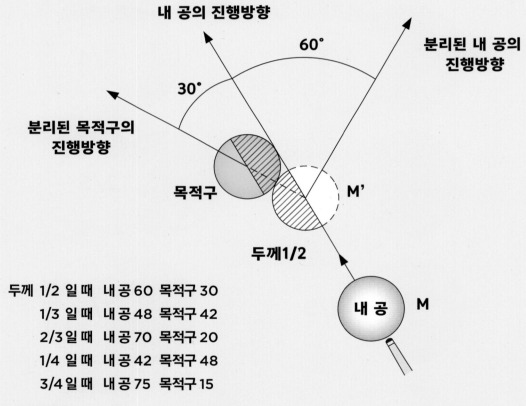

두께 1/2 일 때 내 공 60 목적구 30
　　1/3 일 때 내 공 48 목적구 42
　　2/3 일 때 내 공 70 목적구 20
　　1/4 일 때 내 공 42 목적구 48
　　3/4 일 때 내 공 75 목적구 15

단, 내 공이 목적구에 부딪히는 순간의 회전은 무회전이어야만 목적구와 내 공의 분리각 합이 90도가 된다.

당점

큐로 내 공의 맞히는 부위를 당점이라고 한다. 당점은 공의 지름을 10으로 가정할 때 중심 쪽 6/10 안에 형성된다.

당점의 영역 정면에서 바라본 모습

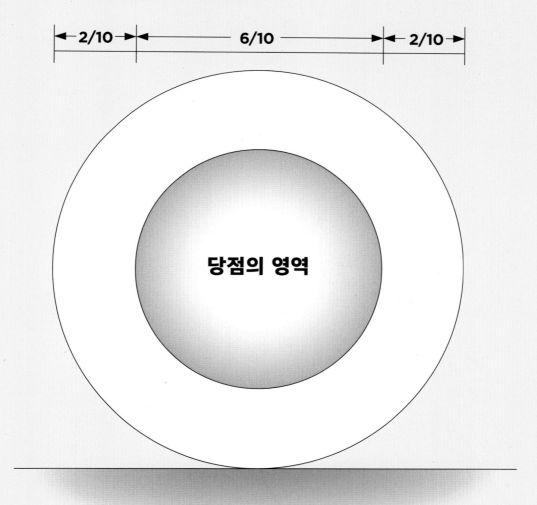

상, 하, 좌, 우의 10분의 2 부분은 공의 경사가 심하여 마찰력을 높일 수 없기 때문에 미스큐를 유발하게 된다.

당점의 영역 옆에서 바라본 모습

큐의 기울기가 0도일 때

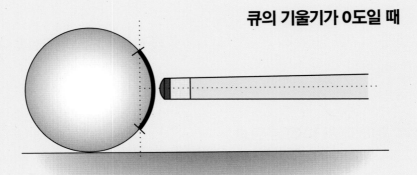

큐의 기울기가 25도일 때

큐의 기울기가 75도일 때

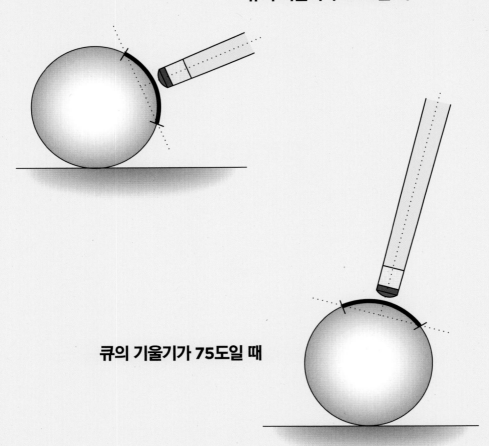

당점 겨냥법

위에서 내려다 본 모습

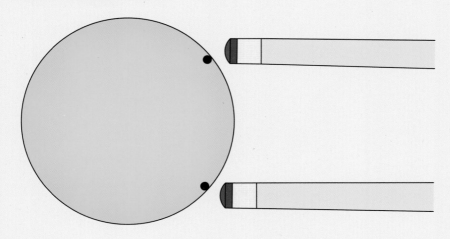

좌, 우 당점을 겨냥할 때의 모습이다. 내가 원하는 당점의 위치를 큐의 팁으로 가리지 말아야 한다. 당구공은 평면의 원(圓)이 아니라 구(球)이므로 원하는 당점을 맞히기 위해서는 팁의 중앙이 아니라 테두리를 겨냥해야 한다.

옆에서 바라본 모습

실제로 맞추고자 하는 D당점을 대충 판단하여 큐의 중심으로 겨냥을 하게 되면 그림과 같이 엉뚱한 D'당점을 치게 된다. 이와 마찬가지로 상단이나 좌, 우의 당점도 세심하게 선택하는 습관을 들여야만 한다.

남들은 되는데 나만 안 되는 이유는 기초를 소홀히 하기 때문이다.

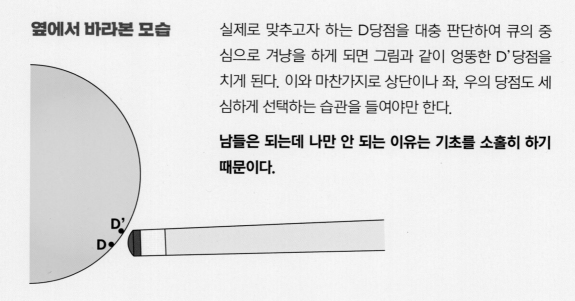

동호인들의 하단 당점 겨냥법

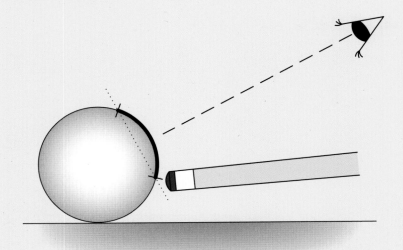

당점의 영역은 눈높이에서 찾는 것이 아니라 큐의 기울기에 대한 수직면에서 찾아야
한다.

올바른 하단 당점 겨냥법

큐의 기울기가 5도일 때

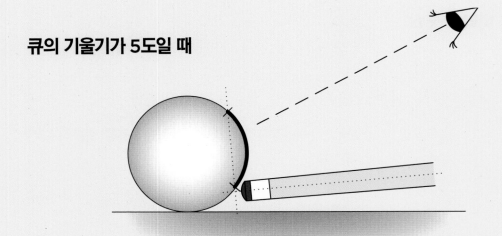

당점의 분배

정확한 당점을 구사하기 위해서는 체계적으로 당점을 분배할 줄 알아야 한다. 당점을 세밀하고 정확하게 타격하기 위해서 시계 방향을 이용하거나 팁의 반지름이나 지름으로 나누어 분배를 할 수 있는데 분배를 할 줄 알아도 조그마한 당구공에 정확하게 분배해서 구사할 수 있도록 많은 연습이 필요하다.

시계 방향으로 나누어 당점을 구사할 때는 최대한 공의 테두리까지 구사할 수 있어야 하고, 팁의 반지름이나 지름만큼을 이동하면서 구사할 때는 정확한 폭의 이동을 할 줄 알아야 한다.

당점을 분배하는 방법과 그에 따른 이동 경로를 도면으로 살펴보자. 이와 같은 방법을 사용한다면 누구나 일관성 있고 정확하게 내 공의 회전을 제어할 수 있게 된다.

정확한 당점을 구사하기 위해서는 체계적으로 당점을 분배할 줄 알아야 한다.

당점의 분배 방법 1 팁 분배

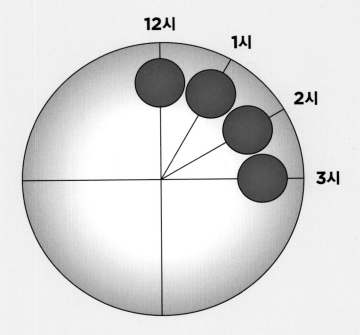

당점에 의한 내 공의 진행

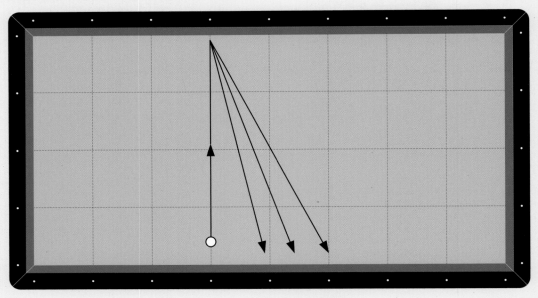

1시 2시 3시

당점의 분배 방법 2 팁 분배

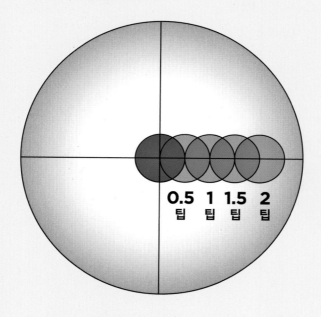

0.5 1 1.5 2
팁 팁 팁 팁

당점에 의한 내 공의 진행

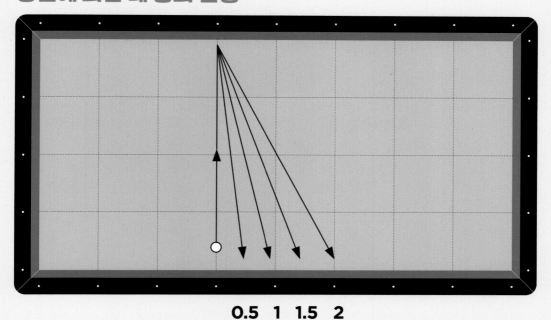

0.5 1 1.5 2

실전에서 사용하는 당점들

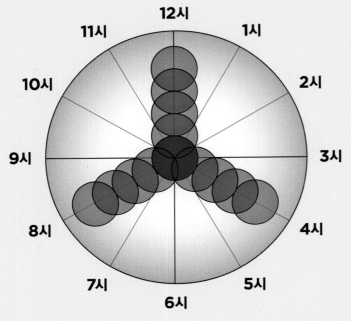

12시
11시 · 1시
10시 · 2시
9시 · 3시
8시 · 4시
7시 · 5시
6시

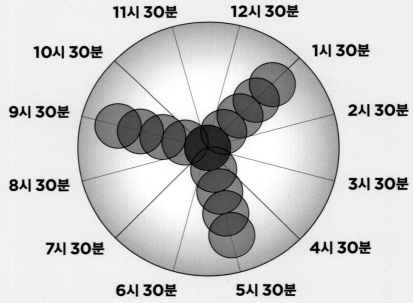

11시 30분 · 12시 30분
10시 30분 · 1시 30분
9시 30분 · 2시 30분
8시 30분 · 3시 30분
7시 30분 · 4시 30분
6시 30분 · 5시 30분

시계 방향이나 시각의 30분 방향으로
당점을 세분화하여 선택할 수 있다.

나 자신을 알자

주시안 Fixating eye

고정시안(固定視眼)이라고 하며, 주로 사용하는 눈을 말한다. 사람은 성장하면서 두 개의 눈 중에 한쪽의 눈을 주로 사용하게 된다. 평소의 자세나 직업의 특성 때문일 수도 있고, 신체적인 이유 때문일 수도 있다. 필자가 만나본 사람들 중에 사물을 5:5로 보는 사람은 한 명뿐이었을 정도로 5대 5의 주시안을 가진 사람은 드물다. 주시안이 보는 시각을 주안시(Dominant Eyesight)라 하는데 주시안 때문에 큐를 잘못 겨냥하는 경우가 생기게 되고, 이로 인해 원하는 두께를 못 맞추는 결과가 발생한다.

주시안이 어느 눈인지 확인하는 방법은 간단하다. 두 눈을 뜨고 멀리 있는 물체나 장소를 손가락으로 가리켜 보자. 잘 가리켰다고 생각한다면 이제 한쪽 눈을 감아 보자. 어느 쪽 눈으로 볼 때 손가락이 똑바로 가리키는지를 알 수 있을 것이다.

Test 1

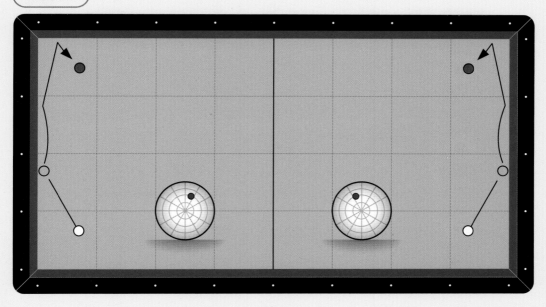

이제 자신의 주시안을 확실히 알았을 것이다. 이제 두께를 조준할 때 어느 쪽 눈으로 보는 것이 더 정확한지 실험해 보고 실전에서 적용하여야 할 것이다. 실제로 주시안으로 인한 실수를 하는 대표적인 배치를 놓고 경험해 보도록 하자.

Test 1의 배치는 흔히 말하는 밀어치기 2바운드의 대표적인 예이다. 제1목적구를 정면을 맞히는 것이 관건이지만 왼쪽과 오른쪽이 완전히 다를 것이다.

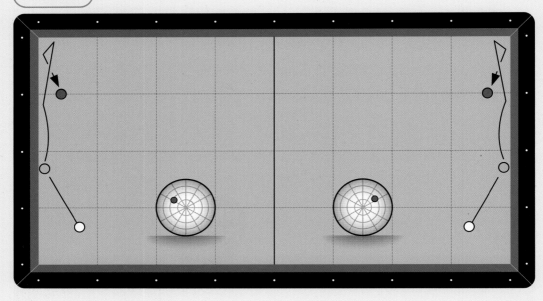

Test 2

독자들은 어느 방향에서 시도하는 것이 더 자신 있는가를 확인하고 꼭 기억해야만 한다. 또한, 좌, 우 회전에 따라서 착시현상은 나타난다.

이번에는 같은 방향이지만 반대 회전으로 시도해 보자. 어떠한가? 같은 방향이라도 사용하는 회전에 따라서 생각한 것과 다른 조준을 해야 한다는 경험을 하게 될 것이다. 우리는 정말 사소한 것을 놓치고, 그것 때문에 엄청난 결과가 나타난다는 것을 너무 모르고 있다.

3쿠션은 세게, 빠르게 칠 줄 아는 사람이 잘 치는 경기가 아니다. 다른 어떤 종목보다도 정교하고 정확하게 구사하는 경기라는 것을 명심해야 한다.

왼쪽과 오른쪽의 성공률을 같게 하자.

많은 동호인은 자신 있는 쪽을 성공하면 반대쪽도 당연히 잘 맞출 수 있을 거라는 착각을 한다. 같은 위치에 대칭의 배치를 놓고 왼쪽으로 시도할 때와 오른쪽으로 시도할 때의 성공률이 어떤지를 점검해야만 한다.

우선 좌, 우 회전력을 테스트해 보자. 좌, 우 9시와 3시 방향의 최대 회전력으로 정면에 뱅크(Bank)를 시도하여 진행하는 각도를 확인해 보자. 왼쪽과 오른쪽의 회전력이 비슷한가? 아니면 엄청나게 차이가 크게 나는가? 차이가 난다면 원인은 무엇일까를 곰곰이 생각해 보자. 정면은 잘 도착시키는지, 샷이 비틀려서 구사되는 건 아닌지, 주안시 때문에 당점을 잘못 겨누고 있는 건 아닌지 등등….

Test 3

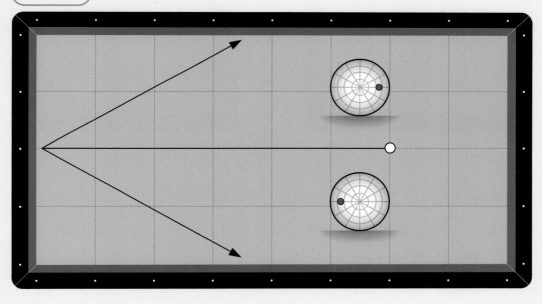

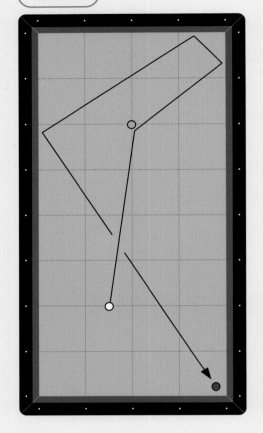
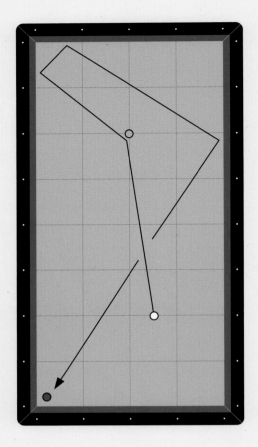

왼쪽과 오른쪽의 도면은 같은 거리에 대칭이 되도록 배치해 놓은 모습이다.

실제로 당구대에 놓여 있지 않고 도면만 보는데도 이상해 보이지 않는가? 분명히 좌우가 대칭되도록 그린 그림이다.

실제로 구사해 보기 전에 배치를 놓고 준비 자세로 겨냥만 해 보자. 신기하게 좌, 우를 바꿔가며 엎드려서 겨냥만 하여도 왠지 모르게 자신이 없고 답답한 쪽이 있을 것이다.

자신이 없고 답답한 쪽은 실제로 구사해도 성공률이 떨어진다. 반드시 원인을 알아야 하고, 불안한 쪽을 집중적으로 더 많이 연습해야 한다.

스쿼트 현상

내 공의 왼쪽 당점을 선택하여 샷을 했을 때 큐와 내 공이 맞는 순간을 그려보았다. 내 공은 큐가 겨눠진 방향에 의해 A로 진행하려 하지만 당점에 의해 B방향으로도 진행하려는 힘을 받게 된다.

따라서 A방향으로 진행하려고도 하고 B방향으로도 진행하려고 하면서 C방향으로 진행을 하게 되는데 이러한 현상을 스쿼트(Squirt) 현상이라고 말한다.

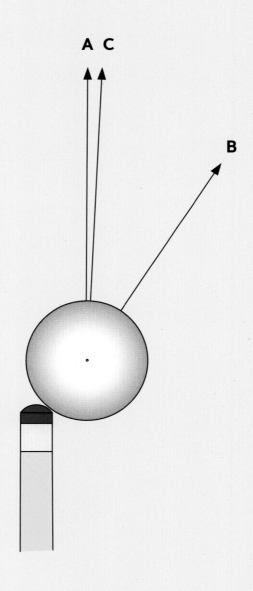

커브 현상

내 공의 왼쪽 당점을 선택하여 샷을 할 때 큐가 기울어진 상태에서 샷을 한다면 스쿼트 현상이 일어난 후에 회전방향으로 휘면서 진행을 하게 된다. 이렇게 내 공이 회전 방향으로 휘면서 진행하는 현상을 커브(Curve) 현상이라고 말한다.

왼쪽 당점으로 인해 A로 진행하려던 내 공이 C방향으로 진행하지만 이후에 큐의 기울기나 당점, 속도에 의해서 라운드(Round)를 그리면서 내 공의 진행이 매우 다양하게 변한다.

입사각과 반사각

좌, 우의 회전력이 없는 무회전(No English)으로 뱅크 샷을 하면 입사각과 반사각이 똑같다는 이론은 마찰력 O, 밀도 O, 중력 O일 때만 적용되는 물리적인 이론이다.

실제로 여러 각도를 실습해 보자.

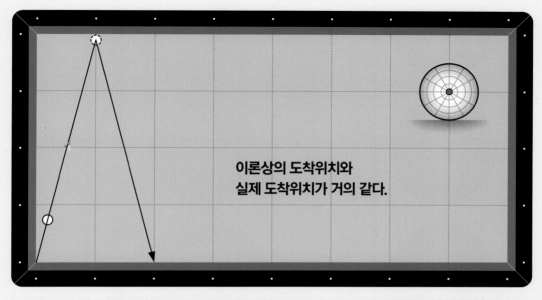

이론상의 도착위치와
실제 도착위치가 거의 같다.

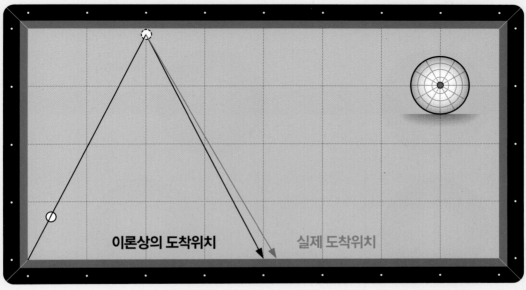

이론상의 도착위치　　　실제 도착위치

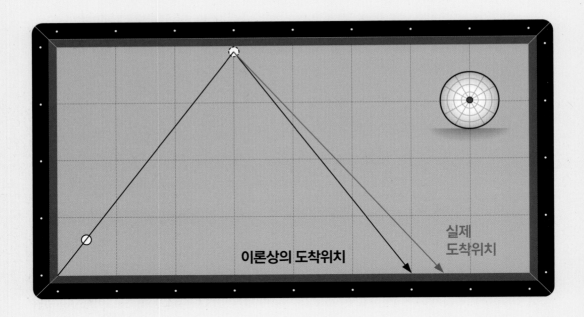

실제
도착위치

이론상의 도착위치

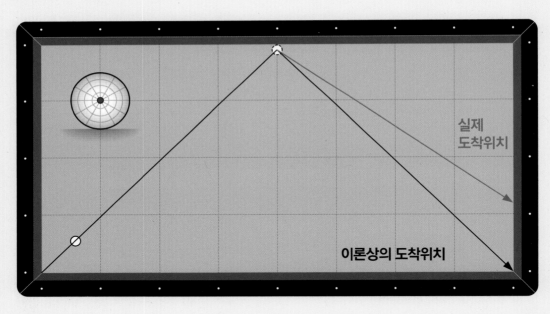

실제
도착위치

이론상의 도착위치

무회전(No English)으로 시도했을 때에 입사각과 반사각이 거의 비슷하게 도착하는 각도는 불과 1 포인트 정도의 간격으로 진행시킨 구역 뿐이다.

내 공이 쿠션에 입사되는 각도가 90도보다 작아질수록 밀리는 힘이 많이 작용하게 되므로 입사각과 반사각은 달라지게 된다.

1쿠션 각도 측정법

무회전(No English)으로 시도하여 입사각에 따른 반사각은 예측하는 것도 쉽지 않다. 더 군다나 내 공과 목적지의 위상이 다를 경우에는 겨냥점을 찾기가 더욱 난해할 것이다.

위상이 다른 경우에 사용할 수 있는 간단한 방법을 소개하겠다.

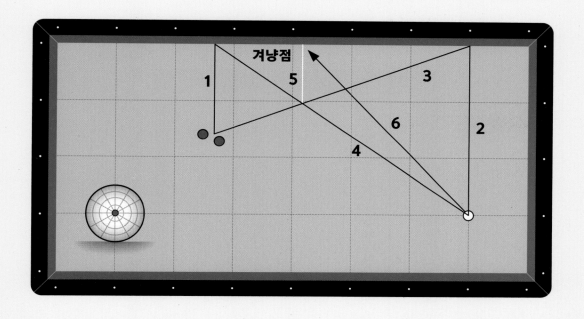

1 목적지점에서 쿠션을 향해 수직선을 그린다.

2 내 공에서 쿠션을 향해 수직선을 그린다.

3 내 공에서 그린 수직선과 쿠션의 접점에서 목적지를 향해 직선을 그린다.

4 목적지점에서 그린 수직선과 쿠션의 접점에서 내 공을 향해 직선을 그린다.

5 직선 3과 4의 교차점에서 쿠션을 향해 수직선을 그린다.

6 교차점에서 그린 수직선과 쿠션의 접점을 향해 무회전으로 부드럽게 스트로크한다.

복잡하다고 느낄 수 있으나 숙달된다면 교차점을 찾는 시간이 빨라질 것이다.

2쿠션 각도 측정법

무회전 곱하기 계산법

좌, 우 회전력이 들어가지 않도록 무회전으로 구사하는 계산법으로 굉장히 간단하고 빠르게 계산할 수 있다. 무회전으로 두 번째 쿠션의 원하는 지점에 내 공을 도착시킬 수 있는 최소한의 감각은 가지고 있어야 한다.

당구대의 수치를 기억하고 계산을 적용해 보자.

❗ 내 공 포인트 × 2쿠션 포인트 = 도착 포인트

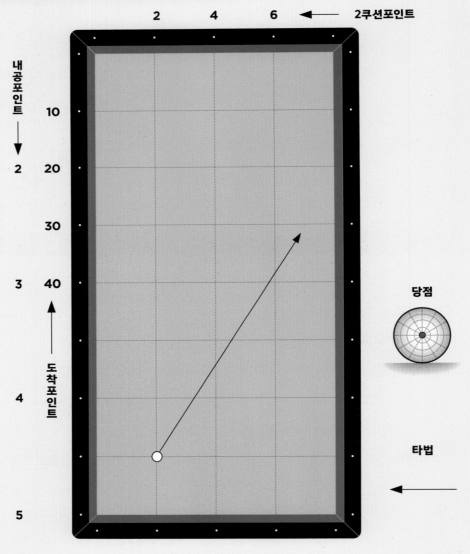

내 공 포인트 4일 때

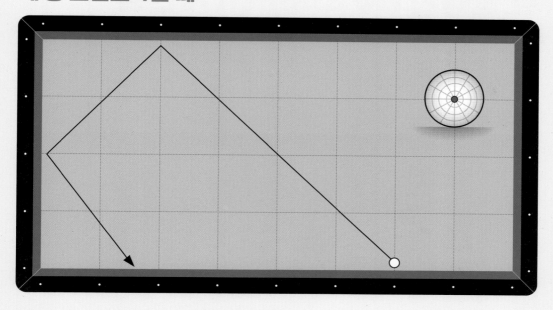

! **내 공포인트 (4) × 2쿠션 포인트 (4) = 도착 포인트 (16)**

내 공포인트 4의 위치에서 무회전으로 입사각과 반사각을 생각하여 두 번째 포인트 4의
지점에 도착시키면 세 번째 쿠션은 16포인트 위치로 진행한다는 계산법이다.

옆 돌리기 No English 계산법

좌, 우의 회전을 사용하지 않고 옆 돌리기를 시도할 때 빠르고 쉽게 적용할 수 있는 계산법이다.

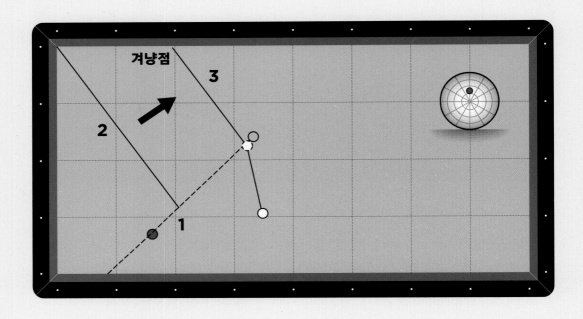

1   예상하는 3번째 쿠션의 도착지점과 제1목적구를 연결하는 직선을 그린다.

2   1의 직선에서 1/2 이 되는 지점을 찾고, 그 위치에서 코너를 향하여 직선을 긋는다.

3   2의 직선을 내 공이 제1목적구를 맞는 순간의 위치까지 수평으로 이동한다.

4   임의 두께를 설정하여 내 공으로 제1목적구를 맞혀서 3의 직선과 쿠션이
    만나는 겨냥점에 도착시킨다.

❶ 충격을 최소화하는 부드러운 타법으로 시도한다.

회전 변경선 1

❗ 당구대마다 약간 다르다.

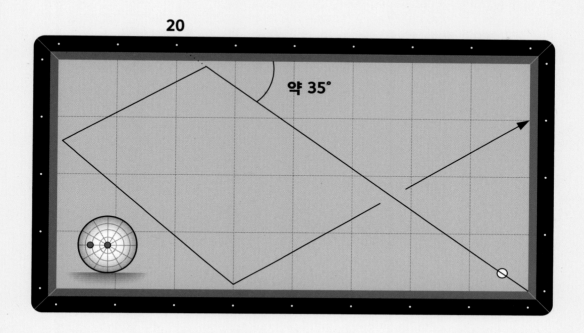

3쿠션을 시도할 때 회전력을 많이 선택해야 각도가 길어지는지 회전력을 줄여야 각도가 길어지는지 혼란을 느낄 때가 있을 것이다.

코너에서 출발한 내 공은 장 쿠션의 20포인트에 도착한다면 무회전(No English)이나 9시 회전력이나 네 번째 쿠션의 도착위치는 거의 같다.

필자는 이 각도로 진행하는 선을 '회전 변경선'이라고 정하였다. 실제로 9시 방향의 회전으로 시도하여보고 무회전으로도 시도해 보자. 당구대마다 약간의 차이는 있으나 20~25포인트 정도에 '회전 변경선'이 형성될 것이다.

이 입사각은 장 쿠션에 대하여 35도 정도 되는 각도인데 이 각도보다 입사각이 더 커진다면 무회전으로 시도하는 것이 각도가 더 짧게 진행하게 되고, 35도보다 더 적은 각도로 내 공이 입사되면 무회전으로 시도하는 것이 훨씬 길게 진행하게 된다.

회전 변경선 2

❗ 당구대마다 약간 다르다.

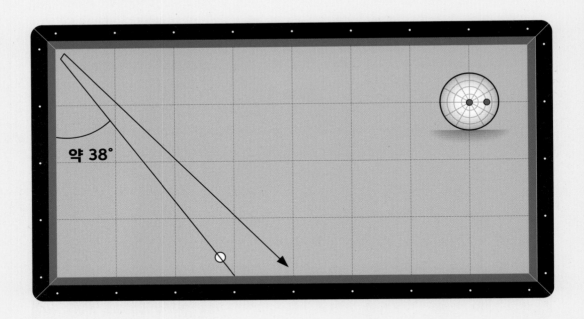

단-장으로 진행하는 경로에서도 회전 변경선을 찾을 수 있다.

장 쿠션의 세 번째 포인트 위치에서 코너를 향하여 진행시켜 보자. 오른쪽 3시 방향의 회전과 무회전으로 시도해 보면 세 번째 쿠션의 도착 위치가 거의 같다는 것을 확인할 수 있을 것이다.

필자는 단 쿠션에 대한 이 입사각도를 '회전 변경선 2'라고 정하였다. 회전 변경선 2의 입사각도는 단 쿠션으로부터 대략 37도~38도 정도 되며, 내 공이 단 쿠션으로 진행하는 각도가 이 각도보다 크게 입사각을 형성하면 회전력이 약할수록 길게 진행하고 회전력이 강할수록 짧게 진행한다.

반대로 내 공이 회전 변경선 2의 각도보다 작은 각도로 단 쿠션에 진행하게 되면 좌, 우 회전력이 약할수록 더욱 짧아지는 것을 확인할 수 있을 것이다.

약식 기호

두께의 표기

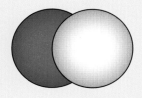

1/2, 1/3, 1/4, 1/5, 1/10 …

목적구를 맞히는 정도를 나타내며, 분수(1/2, 1/3, 1/4, 1/5, 1/10 등)로 표기한다.

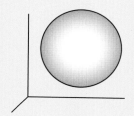

뱅크 샷

빈 쿠션 치기를 말한다.

타법의 표기

길게 미는 스트로크
Long Follow-through stroke

짧게 미는 스트로크
Short & Cut stroke

---

❶ 타법에 관한 표기는 상황에 따라 여러 기호를 복합적으로 표기할 수 있다.

큐를 짧게 뻗는 스트로크는 공 1개의 길이만큼을 뻗고 큐를 잡느냐, 공 2개의 길이만큼을 뻗고 큐를 잡느냐, 공 3개의 길이만큼을 뻗고 큐를 잡느냐에 따라서 기호에 1, 2, 3의 숫자를 넣어 표시한다.

큐의 기울기

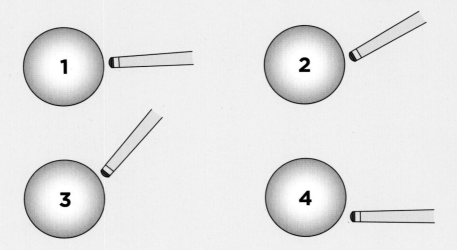

속도의 변화에 따른 분류

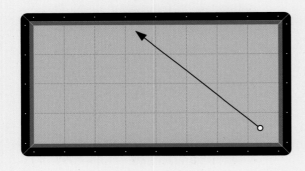

–B

1쿠션을 이동할 수 있을 정도의 속도를 말한다. 표기는 –B로 한다.

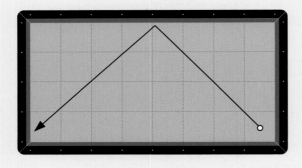

B

2쿠션을 이동할 수 있는 정도의 속도를 말한다. 표기는 B로 한다.

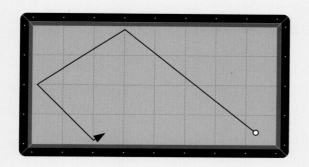

-A

3쿠션을 이동할 수 있는 정도의 속도
를 말한다. 표기는 −A로 한다.

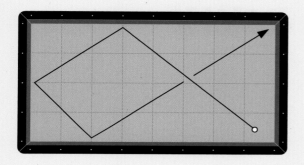

A

4쿠션을 이동할 수 있는 정도의 속도
를 말한다. 표기는 A로 한다.

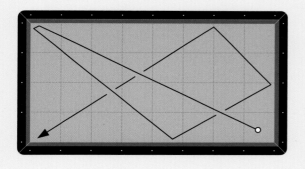

AA

대회전을 할 수 있는 정도의 속도를
말한다. 표기는 AA로 한다.

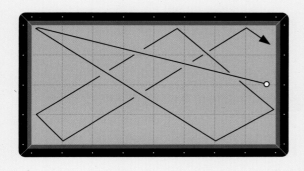

AAA

당구대를 두 바퀴(일명: 산주) 정도
이동할 수 있는 속도를 말한다. 표기
는 AAA로 한다.

모든 표기는 복합적으로 사용할 수 있다.

만약 큐의 기울기를 표시할 때 2//3이라고 하면 2와 3의 중간 정도의 기울기라고 할 수 있고, 속도를 나타낼 때 AA//AAA라고 하면 AA와 AAA의 중간 속도라고 할 수 있겠다.

해법 노트 작성 시 유의사항

당구는 두께와 당점만 알면 해결할 수 있는 것이 아니다. 내 공의 순조로운 진행을 위한 타법과 원하는 효과를 낼 수 있는 적절한 속도가 필요하다. 그렇기 때문에 독자들은 반드시 자신들의 해법을 기록할 때 두께, 당점, 타법, 속도를 기록해야만 한다. 예제를 보면서 속도와 타법이 얼마나 중요한지 설명하겠다.

[예제 1]

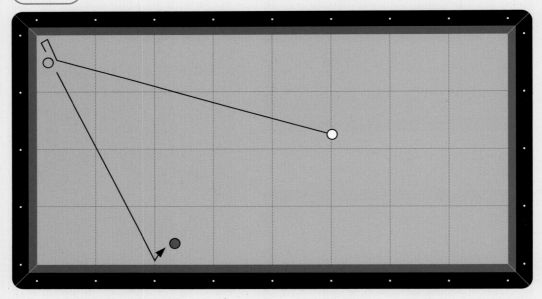

  [속도] [타법] [큐 기울기]

독자들은 위와 같이 진행시키기 위한 해법을 어떻게 찾았는가? 그림으로 보는 것과 실제로 당구대에서 배치를 똑같이 놓고 내 공의 위치에서 보는 것은 완전히 다르다. 다음 페이지를 보기 전에 시도해 보고 해법을 찾아보자. 그리고 해법의 빈 공간을 채워 보자.

해법 1

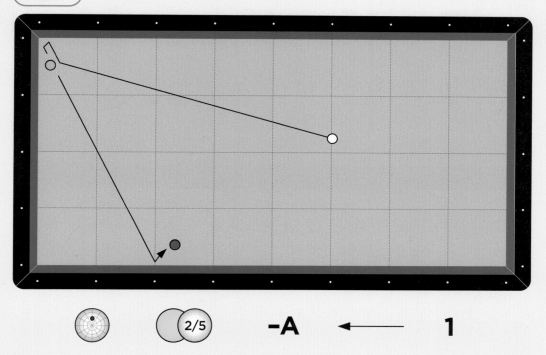

필자가 소개하는 해법은 위와 같다. 무회전(No English)으로 1/2보다 적은 두께를 충격을 최소화하는 타법으로 느리게 굴리는 듯한 샷을 하면 성공할 수 있다. 그렇다면 다음 예제의 해법은 어떻게 될 것인가 생각해 보자. 예제 2는 내 공과 제1목적구의 위치는 같지만 제2목적구가 코너 쪽으로 1포인트 옮겨져 있다.

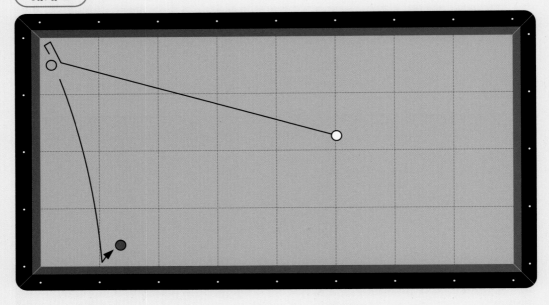

예제 2의 필자의 해법은 아래와 같다. 두께, 당점, 타법, 큐 기울기가 모두 예제 1의 해법과 같지만 단 하나, 속도를 조금 빠르게 하여 시도하는 것만으로 해결할 수 있는 문제이다.

해법 2

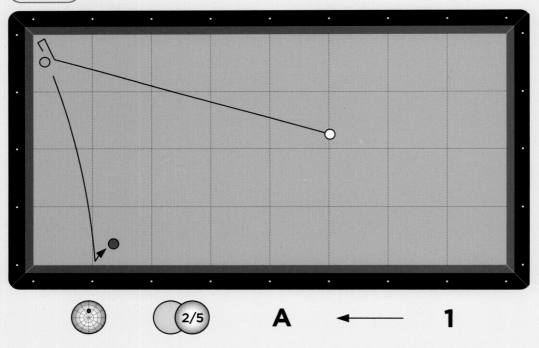

 2/5   A   ←   1

이처럼 앞으로 독자들이 경험해 볼 많은 문제들은 두께와 당점을 정확히 맞혀도 속도나 타법 때문에 성공 여부가 달라진다는 것을 반드시 생각해야 한다. 그러므로 단순하게 두께와 당점만 알면 모든 문제를 해결할 수 있다는 생각은 버려야 한다.

해법을 찾기 위해 5가지 항목을 모두 기록하면서 연습을 한다면 독자들은 자신도 모르는 사이에 발전할 것이다.

**속도나 타법 때문에
성공 여부가 달라진다**

알아두어야 할 System

R-C System

전설적인 레이몬드 쿠르망(Raymond Ceulemans)이 만든 계산법으로 R-C System 중에서 단 쿠션에서 장 쿠션으로, 또는 장 쿠션에서 장 쿠션으로 진행하는 계산법을 익혀야 한다. 이 계산법은 좌, 우 회전력을 이용하여 장-단-장 쿠션으로 진행하는 경로를 시도할 때 적용할 수 있다.

❗ Five&Half System을 레이몬드 쿠르망이 만들었다고 알고 있는 사람들이 있다. 정확하게 알아두어야 할 것은 레이몬드 쿠르망이 만든 계산법은 자신의 이름의 약자 딴 R-C System 이라는 것이다. R-C System에는 여러 가지 계산법이 있는데 자세한 내용은 'MISTER 100'을 참고하기를 바란다.

No English System

상식적으로 알고 있어야 하는 계산법이지만 대부분 동호인은 첫 번째 쿠션을 맞히면 두 번째 쿠션의 어디에 도착한다는 정도만 추측으로 알고 있다. 두 번째 쿠션을 경유하여 세 번째, 네 번째 쿠션의 도착 지점까지도 알아두어야 한다. No English System 은 여러 가지 System이 있지만, 장-단-장 쿠션으로 진행하는 경로에 적용할 수 있는 **1/3 System**과 **Five&Half System**을 소개하겠다. 여기에서 소개하는 도면은 반드시 암기해야 한다.

Short Angle System

최대 회전력으로 진행시켰을 때의 내 공이 진행하는 경로를 알고 있어야 한다. 특정한 계산법은 없으나 규칙적인 변화가 일어나므로 암기하도록 한다.

R-C System 단→장 또는 장→장쿠션

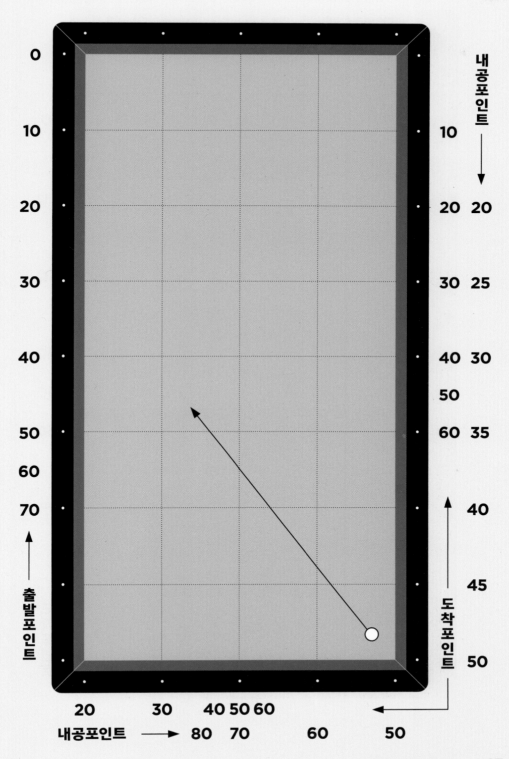

내공포인트

출발포인트

도착포인트

내공포인트

세 번째 쿠션에서 네 번째 쿠션으로의 진행 경로

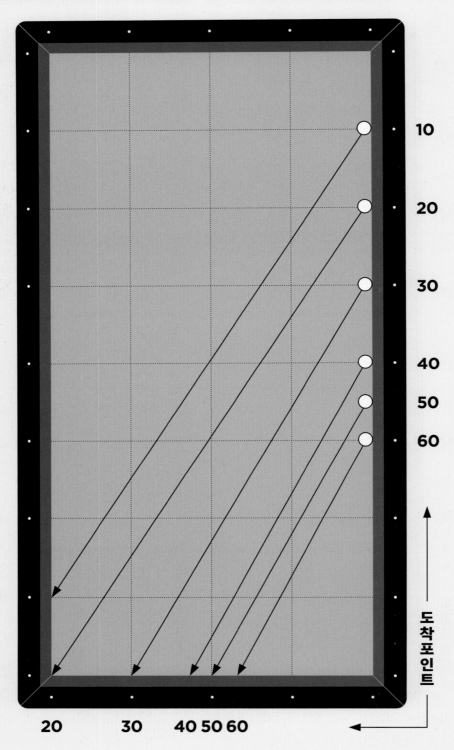

도착포인트

20   30   40 50 60

네 번째 쿠션에서 다섯 번째 쿠션으로의 진행 경로

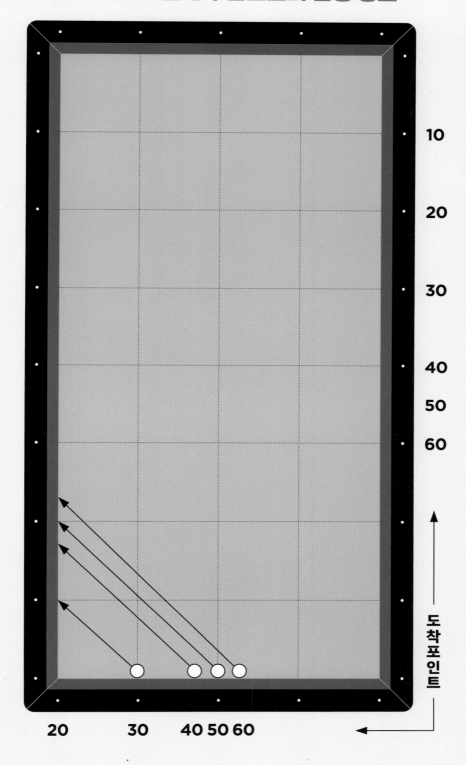

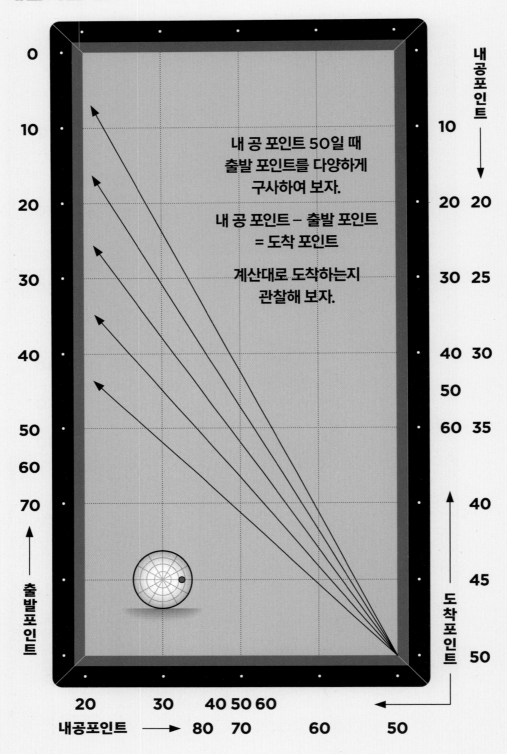

내 공 포인트 50일 때
출발 포인트를 다양하게
구사하여 보자.

내 공 포인트 − 출발 포인트
= 도착 포인트

계산대로 도착하는지
관찰해 보자.

내 공 포인트 25일 때

5 ← 출발포인트

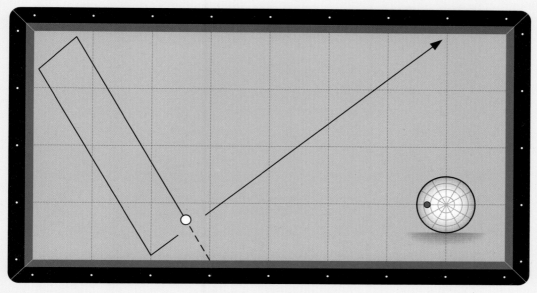

도착포인트 → 20   25 ← 내공포인트

내 공 포인트 30일 때

5 ← 출발포인트

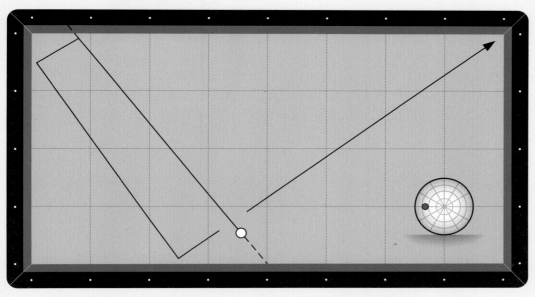

도착포인트 → 25   30 ← 내공포인트

내 공 포인트 35일 때

10 ← 출발포인트

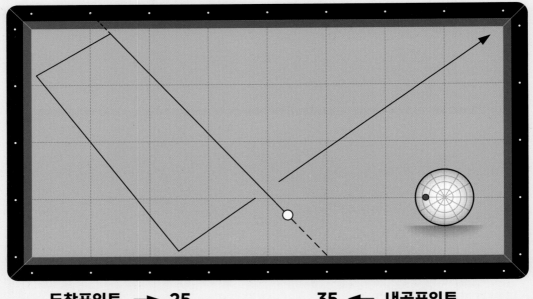

도착포인트 → 25   35 ← 내공포인트

내 공 포인트 40일 때

10 ← 출발포인트

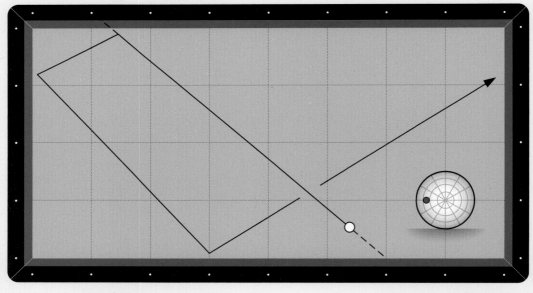

도착포인트 → 30   40 ← 내공포인트

내 공 포인트 45일 때

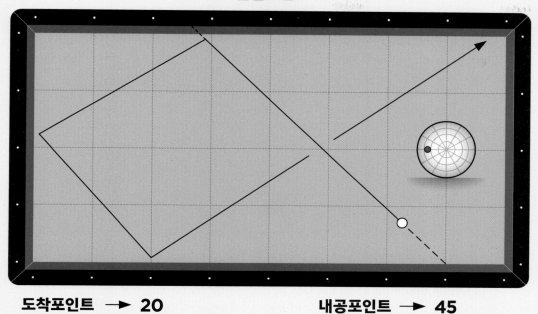

25 ← 출발포인트

도착포인트 → 20　　　　　　　　내공포인트 → 45

내 공 포인트 50일 때

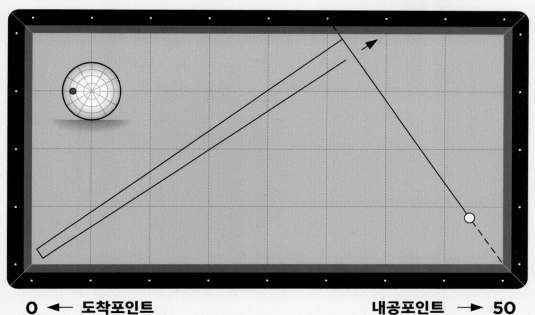

50 ← 출발포인트

0 ← 도착포인트　　　　　　　　내공포인트 → 50

내 공 포인트 50일 때

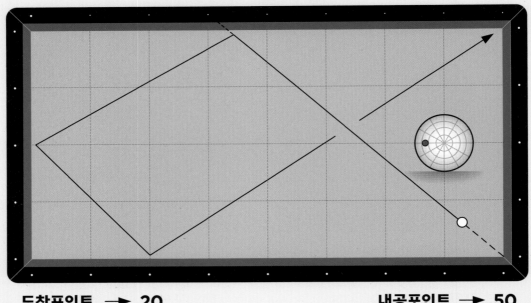

30 ← 출발포인트

도착포인트 → 20　　　　　　　　　　내공포인트 → 50

내 공 포인트 50일 때

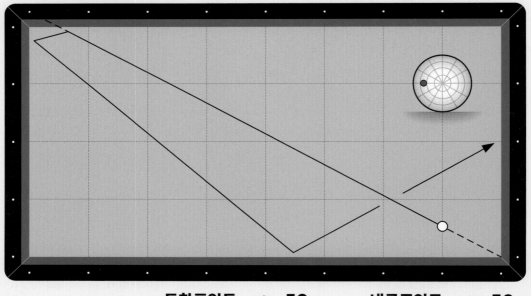

0 ← 출발포인트

도착포인트 → 50　　　　　　　　　　내공포인트 → 50

내 공 포인트 60일 때

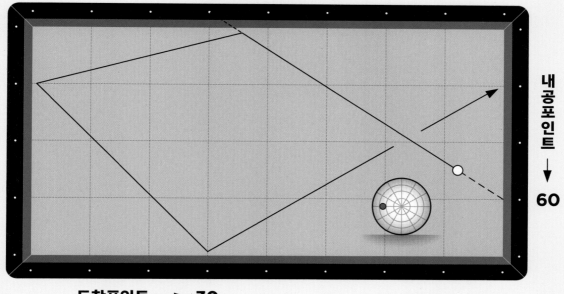

30 ← 출발포인트

내공포인트 → 60

도착포인트 → 30

내 공 포인트 60일 때

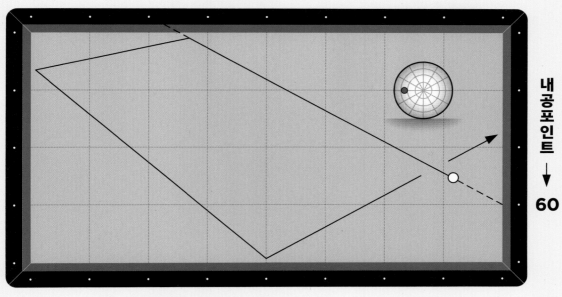

20 ← 출발포인트

내공포인트 → 60

도착포인트 → 40

내 공 포인트 70일 때

40 ← 출발포인트

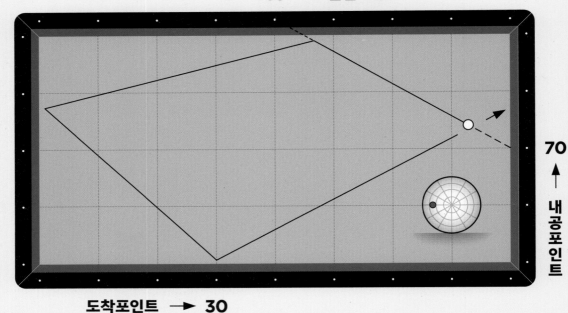

70
↑
내 공 포 인 트

도착포인트 → 30

내 공 포인트 70일 때

20 ← 출발포인트

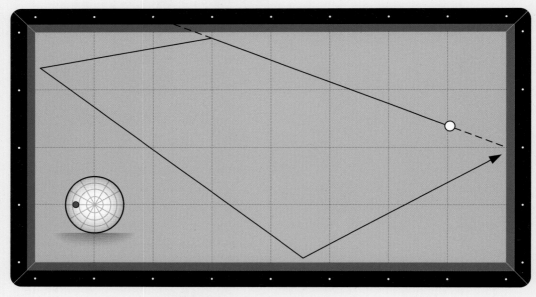

70
↑
내 공 포 인 트

도착포인트 → 50

내 공 포인트 70일 때

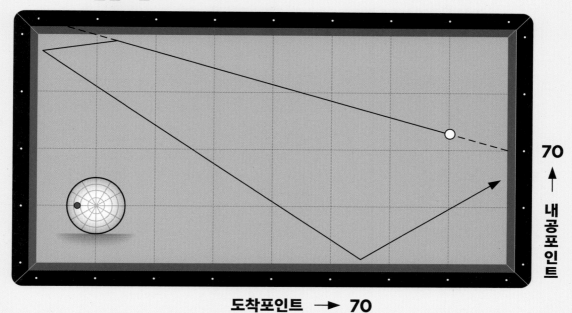

0 ← 출발포인트

70

↑

내 공 포 인 트

도착포인트 → 70

내 공 포인트 80일 때

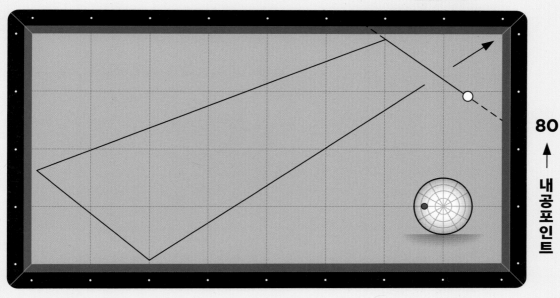

60 ← 출발포인트

80

↑

내 공 포 인 트

도착포인트 → 20

내 공 포인트 80일 때

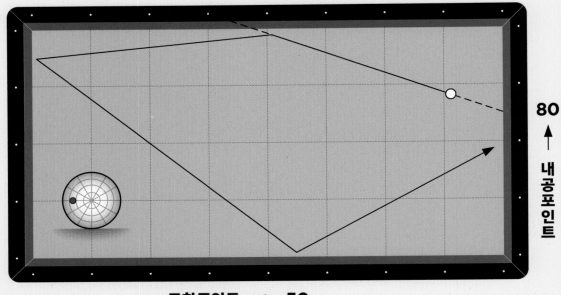

30 ← **출발포인트**

80 ↑ **내 공 포인트**

도착포인트 → 50

내 공 포인트 80일 때

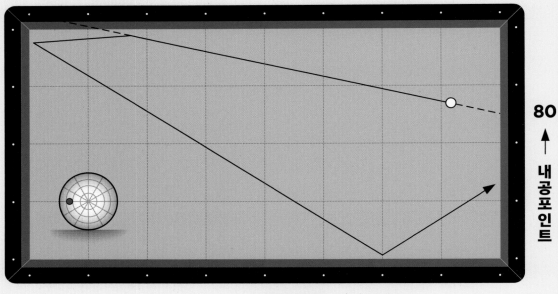

0 ← **출발포인트**

80 ↑ **내 공 포인트**

도착포인트 → 80

앞에서 소개한 도면들을 완벽하게 암기하도록 하고, 실전에서 어떻게 적용을 하는지 예제를 통하여 확인해 보자.

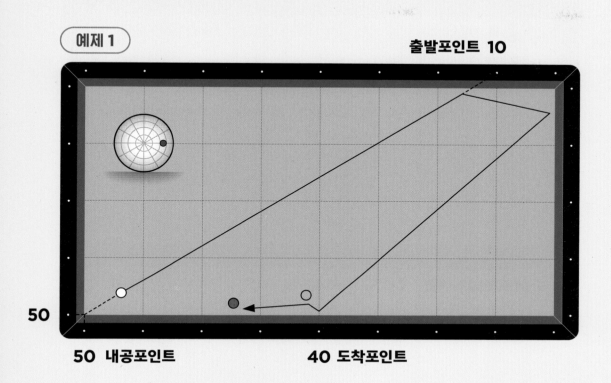

예제 1

출발포인트 10

50

50 내공포인트　　　　　40 도착포인트

계산은 항상 도착 포인트를 찾는 것부터 거꾸로 해야 한다.

내 공이 도착해야 하는 위치가 40이라는 것을 찾았다. 이때, 내 공 포인트와 출발 포인트는 아직 알 수가 없다. 가정을 해 보기로 한다.

만약, 내 공 포인트가 60이라고 하면, 출발 포인트는 20이다. 내 공 포인트 60과 출발 포인트 20을 연결한 선상에 내 공이 존재하지 않는다. 내 공 포인트를 50이라고 가정했을 때는 내 공 포인트 50과 출발 포인트 10을 연결한 선상에 내 공이 존재하므로 50 – 10 = 40이 정답이라고 할 수 있다.

단, 정확한 당점과 충격을 최소화하는 길게 미는 스트로크(Long Follow Stroke)를 해야만 성공할 수 있다.

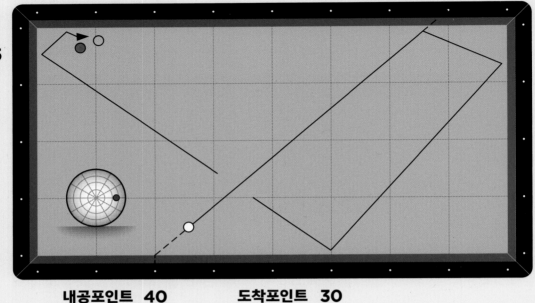

출발포인트 10

25

내공포인트 40　　**도착포인트 30**

도착 포인트는 25 정도라는 것을 찾을 수 있다. 하지만 내 공의 위치가 내 공 포인트 50이나 60 정도에서 출발하는 것이 아니므로 세 번째 쿠션에서 네 번째 쿠션으로 진행할 때 5포인트 정도 짧게 진행한다는 것을 감안해야 한다. 그러므로, 네 번째 쿠션의 도착 포인트는 25지만 세 번째 쿠션의 도착 포인트는 30으로 정해야 원하는 득점을 할 수 있을 것이다.

내 공 포인트 40 – 출발 포인트 10 = 도착 포인트 30이 정답이라고 할 수 있다.

마찬가지로 길게 미는 스트로크(Long Follow Stroke)를 하여야 정확한 진행이 될 것이다.

❗ **R-C 계산법은 내 공 포인트가 45~60 정도일 때가 가장 계산의 오차가 적다.** 내 공 포인트가 60 이상이면 계산보다 길게 도착할 것이고, 내 공 포인트가 45 이하이면 계산보다 짧게 도착할 것이다. 여기서 보정하는 법은 설명하지는 않겠다.

❗ **계산법은 가이드라인일 뿐이다. 절대로 계산법을 맹신해서는 안 된다.** 계산법에 끌려가는 사람은 당구 실력이 발전하는 것이 아니라 퇴보한다는 것을 알아야 한다. 결국, 정확한 득점을 위해서는 많은 경험을 통한 자신만의 느낌으로 보정하는 방법을 가지고 있어야만 한다는 것이다.

❗ **계산법을 완벽하게 숙지한 사람들이 하는 큰 오류가 있다.** 실제로 당구대에서 실기를 했을 때 내 공 포인트 45 이하 또는 내 공 포인트 60 이상에서 계산법과 다르게 도착하면 당구대의 상태가 짧거나 길다고 판단한다는 것이다. 레이몬드 쿠르망은 자신이 계산법을 만든 '타법과 속도가 맞지 않으면 계산법과 다르게 진행한다.'라고 저서에 기록하였다. 그러므로 자신의 타법과 속도가 맞는지 점검해야 한다.

자신만의 느낌으로 보정하는 방법을
가지고 있어야 한다.

No English System

내 공의 위치에 따른 다양한 경로를 소개한다. 모든 경로를 전부 외우고 있으면 좋겠지만, 너무 분량이 많으므로 반드시 외우고 있어야 하는 진행 경로만을 도면으로 소개한다. 또한 좌, 우의 회전력을 사용하지 않고 도착 지점을 계산할 수 있는 1/3 system과 Five&Half system을 소개하겠다.

선수들이 정해진 시간 안에 빠르게 판단하고 구사하여 성공할 수 있는 이유는 매번 계산하는 것이 아니라 외우고 있기 때문이다. 계산하려고 하지 말고 무조건 암기해야 한다.

No English System의 당점은 중상단 12시 방향이다.

내 공이 코너에서 출발할 때

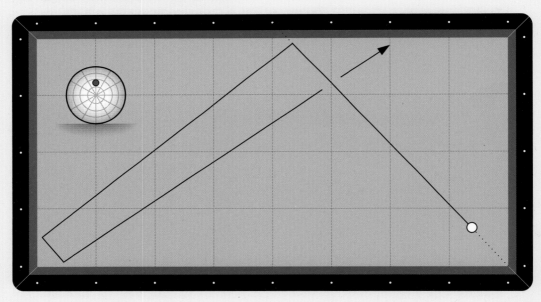

내 공이 코너에서 출발할 때

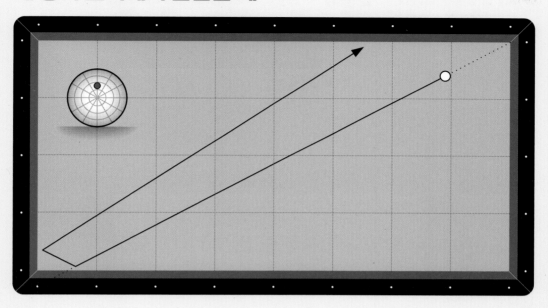

내 공이 코너에서 출발할 때

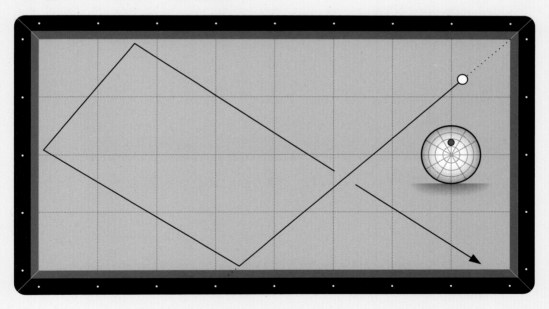

1/3 System

좌, 우의 회전을 사용하지 않고 내 공을 코너 포인트를 향하여 진행시키면 출발한 위치보다 1/3 정도 짧게 도착한다는 계산법이다.

이 계산법은 매우 쉽게 익힐 수 있고 실전에서도 유용하게 적용할 수 있다. 뒤 돌리기 이외에 옆 돌리기에도 적용할 수 있으므로 반드시 기억해야 하고 실전에서 2~3초 안에 적용할 수 있도록 숙달해야 한다.

내 공이 2에서 출발 → 1/3 정도 짧게 1.4에 도착

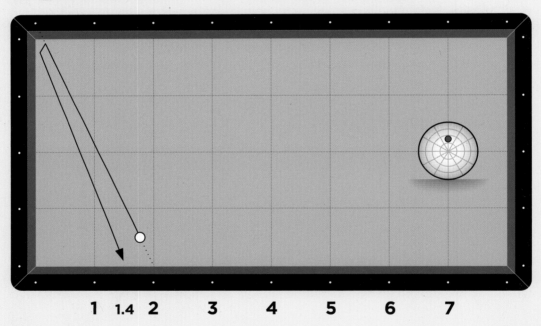

내 공이 3에서 출발 → 1/3 정도 짧게 2에 도착

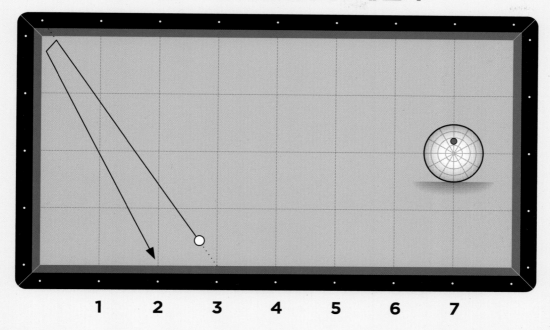

1   2   3   4   5   6   7

내 공이 4에서 출발 → 1/3 정도 짧게 2.8에 도착

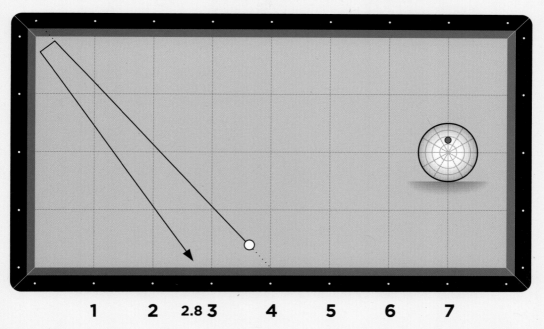

1   2   2.8 3   4   5   6   7

내 공이 5에서 출발 → 1/3 정도 짧게 3.4에 도착

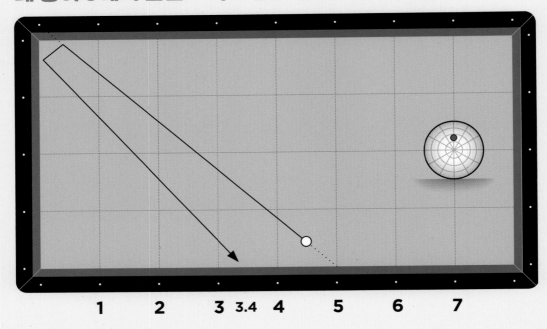

내 공이 6에서 출발 → 1/3 정도 짧게 4에 도착

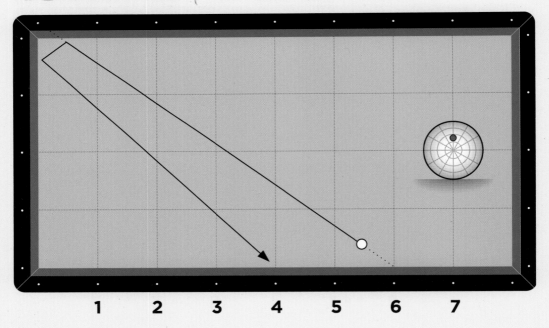

내 공이 7에서 출발 → 1/3 정도 짧게 4.7에 도착

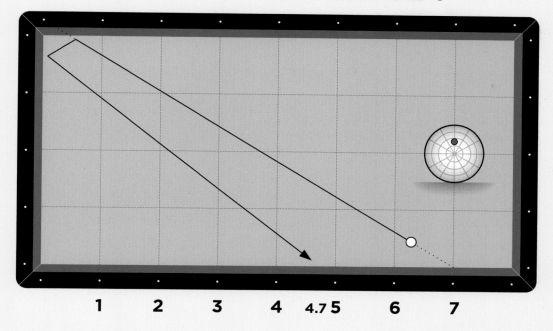

1 2 3 4 4.7 5 6 7

Five & Half System

장 쿠션의 중앙보다 좁은 공간에서만 적용되는 계산법으로 내 공을 장 쿠션의 5포인트를 향하여 무회전(No English)으로 진행시키면 출발한 지점보다 1/2 짧게 도착한다는 계산법이다. 방송이나 서적에서 잘못된 지식으로 널리 알려진 계산법이다.

3 Bank-Shot을 할 때 사용하는 계산법의 명칭은 Diamond System 또는 R-C System이다.

본래 Five&Half System은 포켓 테이블에서 만들어졌다. 맞혀야 하는 공이 다른 공에 가려져 있어서 쿠션을 이용하여 시도할 때 코너는 포켓이 있으므로 5Point를 맞히면서 만들어진 계산법이다.

계산은 매우 간단하다. 실전에서 쉽게 적용할 수 있을 것이다.

내 공이 2에서 출발 → 1/2 짧게 1에 도착

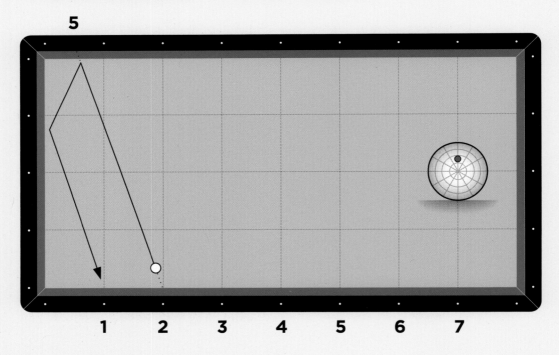

내 공이 3에서 출발 → 1/2 짧게 1.5에 도착

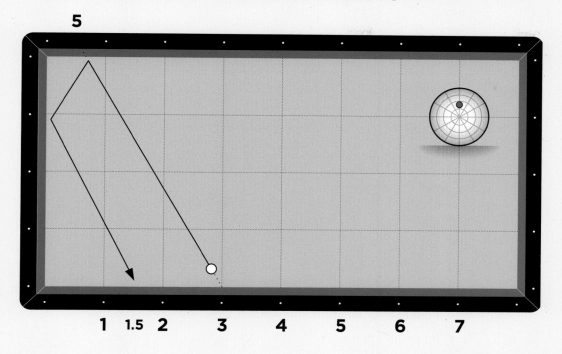

내 공이 4에서 출발 → 1/2 짧게 2에 도착

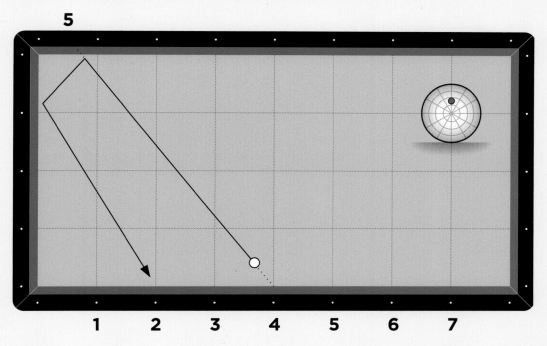

Short Angle System 장-단-장

내 공의 최대 회전력으로 코너의 장 쿠션을 향하여 출발시켰을 때 진행하는 경로를 반드시 암기하고 있어야 한다. 그래야만 장-단-장 쿠션으로 진행하는 경로의 한계 각도를 알고 시도할 수 있기 때문이다.

당점은 3시나 9시 방향으로 정하고, 약간의 충격을 주는 탄력 있는 타법으로 구사하였을 때의 진행 경로를 도면으로 소개한다.

내 공이 대회전할 수 있는 정도의 속도로 샷을 한다.

내 공이 1포인트에서 출발 → 2.5포인트에 도착

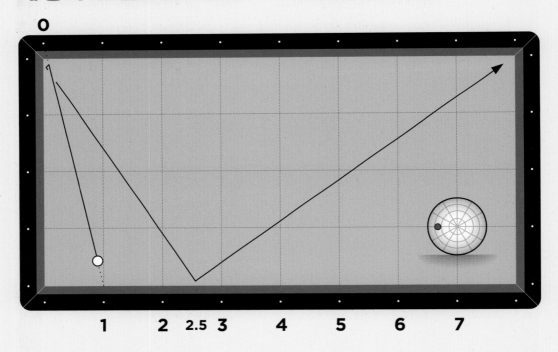

내 공이 2포인트에서 출발 → 3포인트에 도착

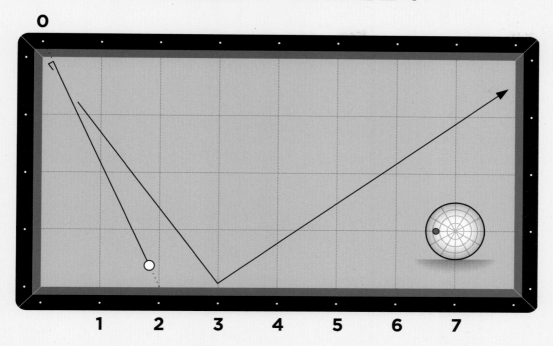

내 공이 3포인트에서 출발 → 3.5포인트에 도착

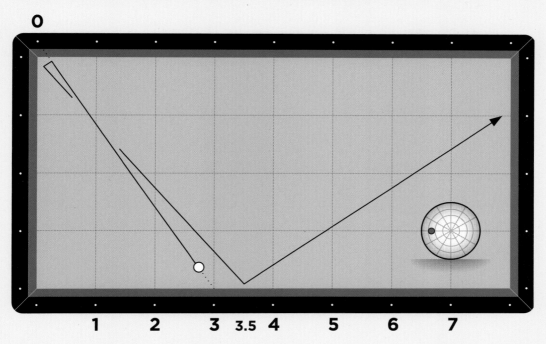

내 공이 4포인트에서 출발 → 3.8포인트에 도착

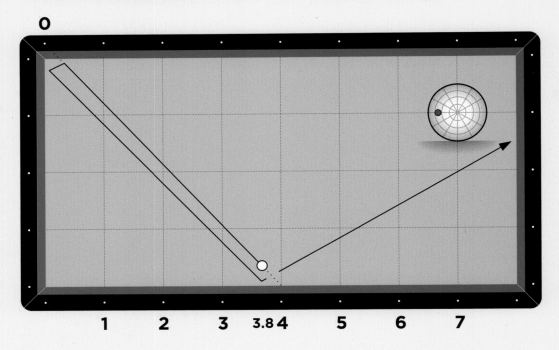

필자는 계산법을 전파하는 것을 좋아하지 않는다. 많은 반복된 연습으로 자신의 회전력을 알고, 회전에 따른 진행 경로를 느낌으로 알고 있기를 바라지만 너무나도 많은 독자가 계산법에 의존하므로 보편화된 R-C 계산법과 반드시 외우고 있어야 하는 진행 경로들을 간략하게 소개하였다.

지금까지 장-단-장 쿠션으로 진행하는 경로를 시도할 때 사용되는 몇 가지 계산법을 정리해 보았다. 이 밖에도 다른 여러 가지 계산법을 적용할 수 있겠으나 앞에서 소개한 암기 사항만으로도 충분히 성공할 수 있으므로 더 이상의 계산법은 수록하지 않겠다.

앞에서 소개한 R-C 계산법을 연습할 때는 2번째 쿠션의 위치도 확인하면서 연습해야 한다. 내 공이 진행하는 과정을 모두 알고 있어야만 오차를 줄이고 응용력을 기를 수 있기 때문이다.

3-CUSHION Billiards BIBLE

PART
I

뒤 돌리기

뒤 돌리기의 경로

일반적으로 장-단-장 쿠션으로 진행하는 경로를 뒤 돌리기라고 말하지만, 정확히 말하면 목적구가 1쿠션을 맞고 나온 뒷공간으로 진행하는 경로를 뒤 돌리기라고 한다.

대부분의 캐롬 경기에서 초구(Break-Shot)를 공략할 때 이용하는 경로이며 특히, 3쿠션 경기에서는 득점뿐만이 아니라 포지션 플레이가 가능하므로 연속 득점을 노릴 수 있는 공략법이다. 매우 중요하므로 많은 연습이 필요하다.

뒤 돌리기 공략법

제1목적구를 두껍게 맞출 것인가 얇게 맞출 것인가? 내 공에 회전을 얼마나 부여할 것인가?에 대한 결정은 1. 제2목적구의 위치 2. 키스를 피하기 3. 포지션 플레이에 따라서 달라진다.

Basic 1

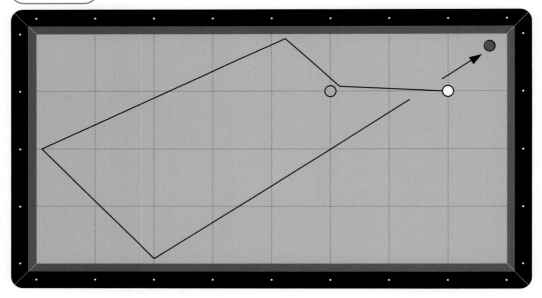

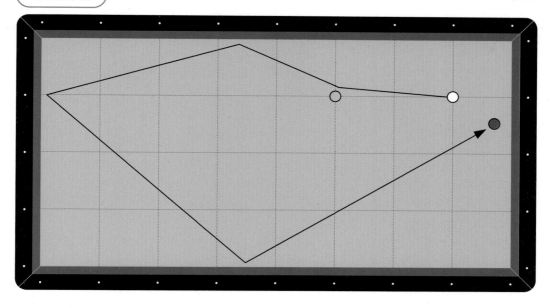

첫 번째, 제2목적구의 위치에 따라 두께와 당점의 변화를 주어야 한다. 가장 기초적인 배치의 도면으로 설명하겠다.

Basic 1과 Basic 2의 다른 부분은 제2목적구인 빨간 공 위치가 다르다는 것이다. 내 공과 제1목적구의 위치는 같지만 제2목적구의 위치가 다르므로 Basic 1과 Basic 2의 두께와 당점이 다를 수밖에 없다는 것을 충분히 이해할 것이다.

제2목적구의 위치가 달라졌을 때의 두께와 당점을 왜, 얼마나 바꾸어야 하는지에 대하여는 설명하지 않겠다. 이 정도를 이해하지 못한다면 아직은 3쿠션에 입문할 실력이 안 된다고 생각해야 한다.

독자들은 Basic 1과 Basic 2의 처리 방법을 어떻게 정하고 싶은가? 당구라는 운동은 눈과 머리로만 이해하는 종목이 아니다. 각 도면의 배치를 실제로 당구대에서 똑같이 놓고, 성공할 수 있는 두께, 당점 그리고 속도의 조합을 찾아보자.

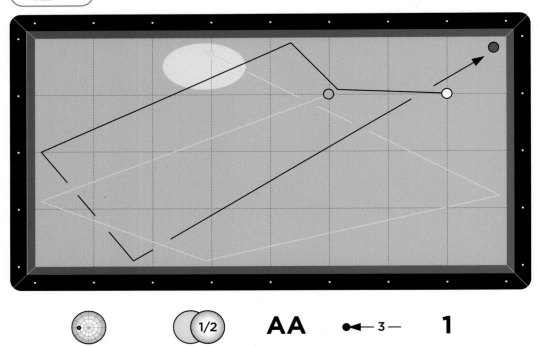

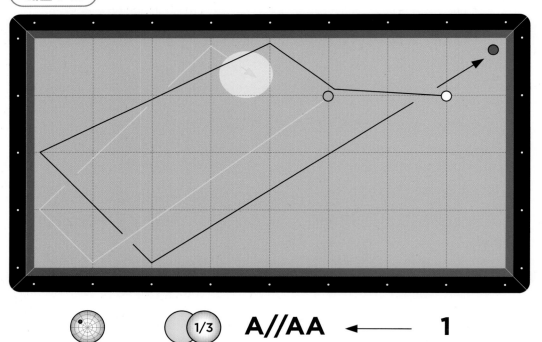

76

해법 1-3

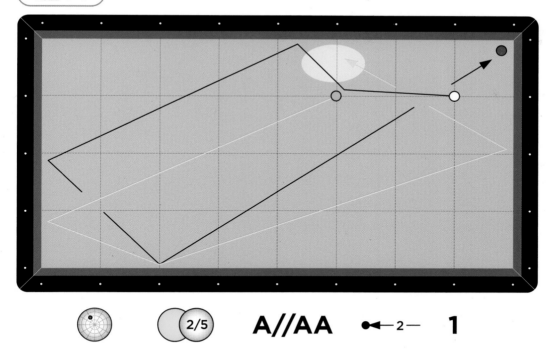

2/5   A//AA   ●←─2─   1

해법 1-4

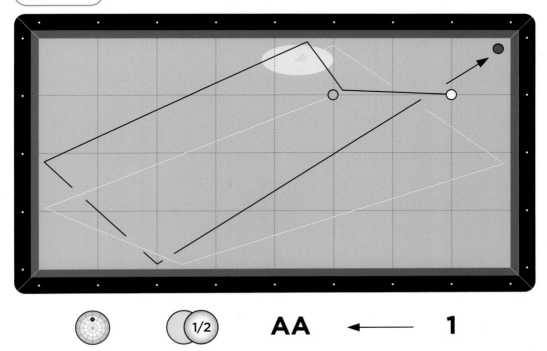

1/2   AA   ←────   1

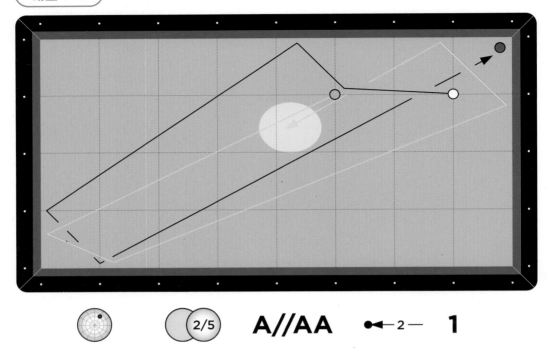

A//AA •←2— 1

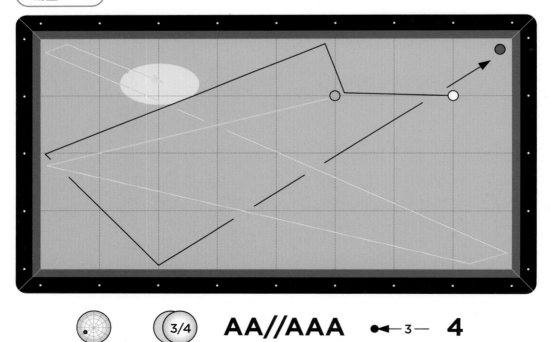

AA//AAA •←3— 4

78

Basic 1의 배치를 두께, 당점, 속도, 타법을 다르게 하여 여러 가지 방법으로 처리하는 모습을 도면으로 그려보았다. 독자들은 생각이 많이 닫혀있다. 내 공이 시계의 반대 방향으로 진행해야 한다면 무조건 왼쪽 회전을 선택해야 한다고 단정을 짓기 때문이다. 좌, 우의 회전력을 사용하지 않고도 성공할 수 있고, 심지어는 진행 방향의 반대 회전으로도 성공할 수 있다는 것을 알아야 한다.

사람들은 정답이 없는 당구에서 정답을 가르쳐 달라고 한다. 원리를 깨우치는 것이 우선이 되어야 당구의 진정한 묘미를 느낄 수 있다. 이번에는 Basic 2의 배치를 여러 가지 방법으로 시도해 보자. 독자들은 어떤 방법을 생각할 수 있겠는가?

원리를 깨우치는 것이 우선이 되어야 당구의 진정한 묘미를 느낄 수 있다.

뒤 돌리기7

해법 2-1

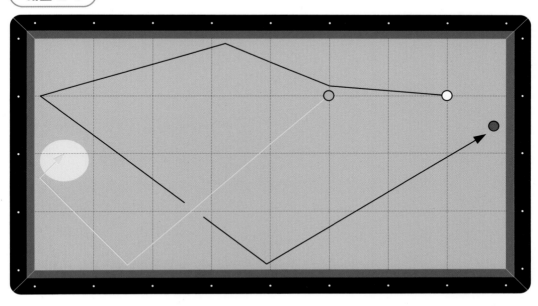

  1/5 A//AA ← 1

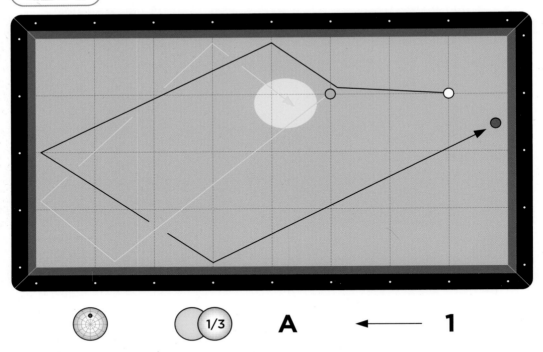

A ← 1

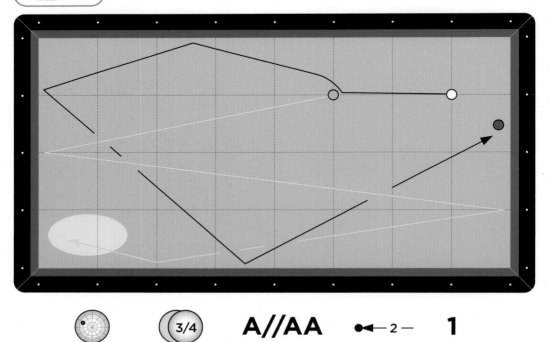

A//AA ●←2— 1

해법 2-4

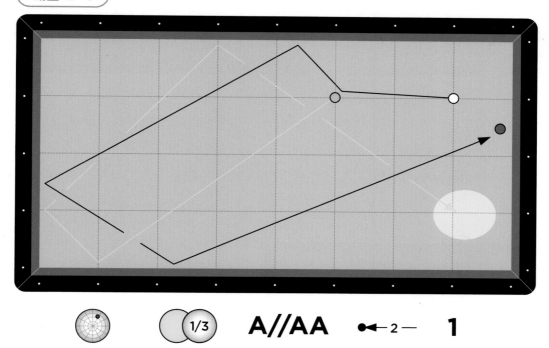

1/3   A//AA   ●←2—   1

Basic 2의 배치 또한 Basic 1처럼 답이 1개가 아니라는 것을 알 수 있다. 제1목적구를 어떠한 경로로 어디에 도착하도록 할 것인지 두께를 먼저 결정하고, 그 후에 제2목적구를 맞힐 수 있는 당점을 선택하는 것이 문제를 해결하는 옳은 순서이다.

문제를 해결하는 과정에서 독자들은 두께와 당점만을 고민한다. 하지만 적절한 속도가 선택되지 않는다면 결정한 두께와 당점의 효과는 자신의 예상과는 많이 달라질 것이다. 앞에서 제시된 해법 중에서 어떤 방법이 정답일까를 고민하면 안 된다. 모두 구사할 수 있어야 하고, 당구대의 상태에 따라 처리 방법을 바꿀 수 있는 감각을 가져야 한다.

당구는 계산으로 치는 것이 아니다.
당구대 바닥에 그림을 그리고,
그림대로 내 공과 목적구를 진행시키는 감각으로 치는 것이다.

2 : 뒤 돌리기의 다양한 배치

여러 가지의 다양한 배치를 도면으로 소개한다. 독자들은 반드시 직접 구사해 보고 답을 찾아야 한다. 문제에 대한 답은 키스 피하기, 난구풀이와 연속 득점 편에 소개하겠다. 자신이 찾아낸 답과 비교해 보고 어떤 방법이 더 바람직한 것인지 판단하기를 바란다.

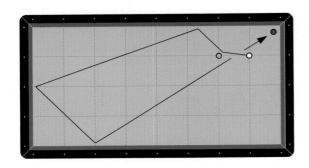

두께 :
당점 :
타법 :
속도 :
큐 기울기 :

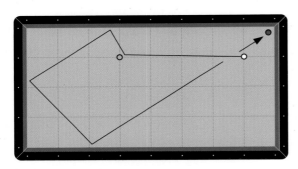

두께 :
당점 :
타법 :
속도 :
큐 기울기 :

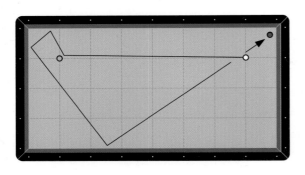

두께 :
당점 :
타법 :
속도 :
큐 기울기 :

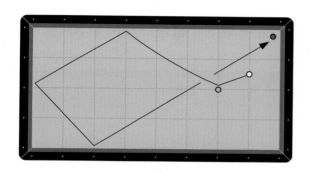

두께 :
당점 :
타법 :
속도 :
큐 기울기 :

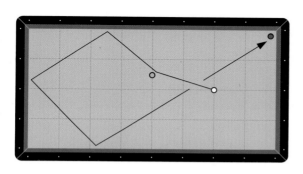

두께 :
당점 :
타법 :
속도 :
큐 기울기 :

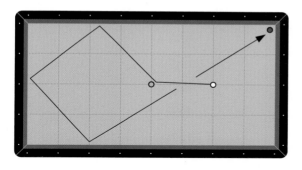

두께 :
당점 :
타법 :
속도 :
큐 기울기 :

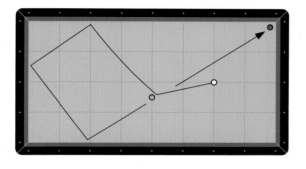

두께 :
당점 :
타법 :
속도 :
큐 기울기 :

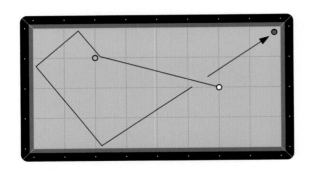

두께 :
당점 :
타법 :
속도 :
큐 기울기 :

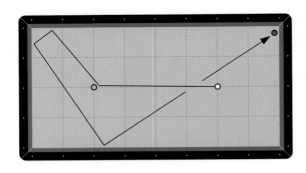

두께 :
당점 :
타법 :
속도 :
큐 기울기 :

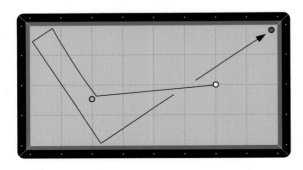

두께 :
당점 :
타법 :
속도 :
큐 기울기 :

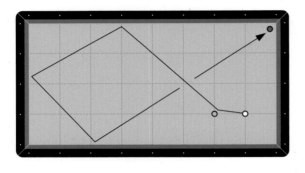

두께 :
당점 :
타법 :
속도 :
큐 기울기 :

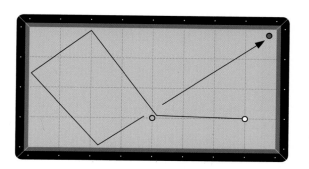

두께 :
당점 :
타법 :
속도 :
큐 기울기 :

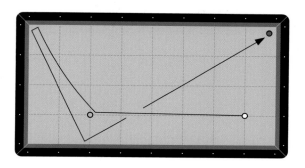

두께 :
당점 :
타법 :
속도 :
큐 기울기 :

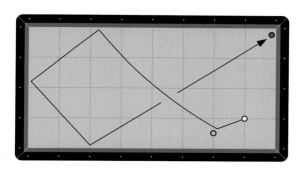

두께 :
당점 :
타법 :
속도 :
큐 기울기 :

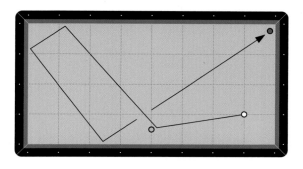

두께 :
당점 :
타법 :
속도 :
큐 기울기 :

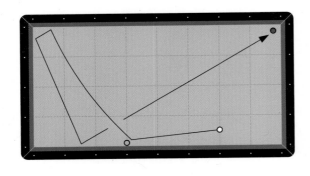

두께 :

당점 :

타법 :

속도 :

큐 기울기 :

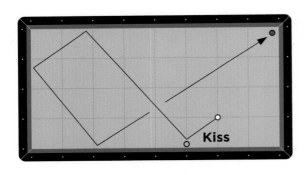

두께 :

당점 :

타법 :

속도 :

큐 기울기 :

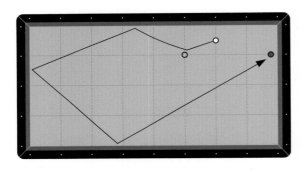

두께 :

당점 :

타법 :

속도 :

큐 기울기 :

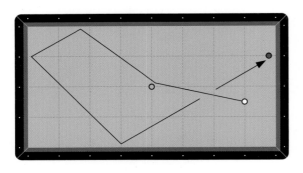

두께 :

당점 :

타법 :

속도 :

큐 기울기 :

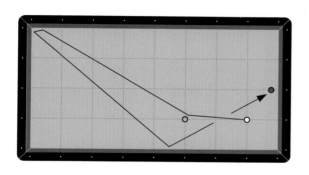

두께 :

당점 :

타법 :

속도 :

큐 기울기 :

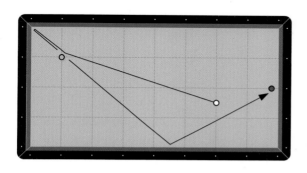

두께 :

당점 :

타법 :

속도 :

큐 기울기 :

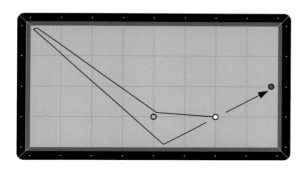

두께 :

당점 :

타법 :

속도 :

큐 기울기 :

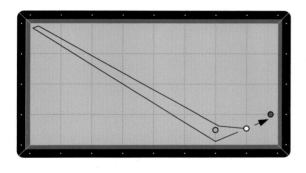

두께 :

당점 :

타법 :

속도 :

큐 기울기 :

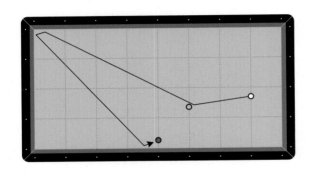

두께 :

당점 :

타법 :

속도 :

큐 기울기 :

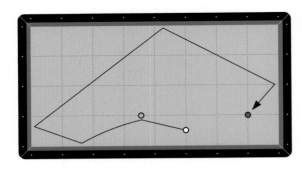

두께 :

당점 :

타법 :

속도 :

큐 기울기 :

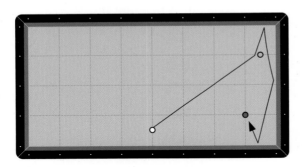

두께 :

당점 :

타법 :

속도 :

큐 기울기 :

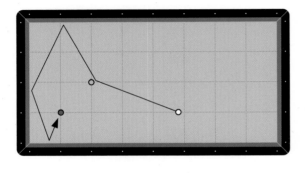

두께 :

당점 :

타법 :

속도 :

큐 기울기 :

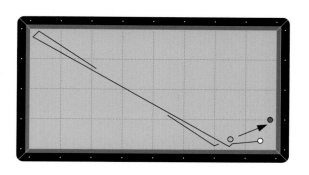

두께 :
당점 :
타법 :
속도 :
큐 기울기 :

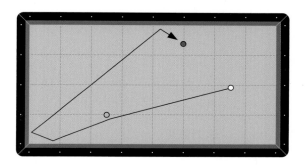

두께 :
당점 :
타법 :
속도 :
큐 기울기 :

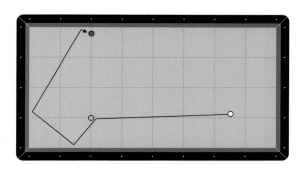

두께 :
당점 :
타법 :
속도 :
큐 기울기 :

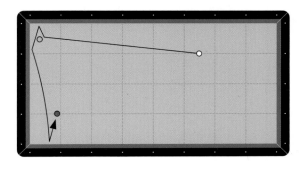

두께 :
당점 :
타법 :
속도 :
큐 기울기 :

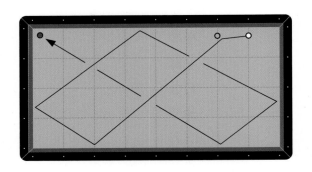

두께 :

당점 :

타법 :

속도 :

큐 기울기 :

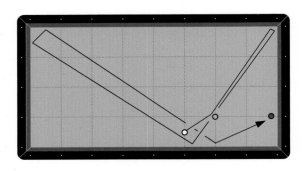

두께 :

당점 :

타법 :

속도 :

큐 기울기 :

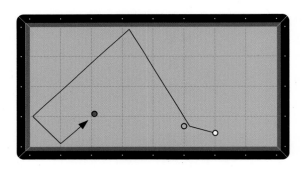

두께 :

당점 :

타법 :

속도 :

큐 기울기 :

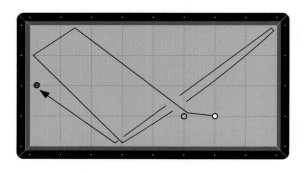

두께 :

당점 :

타법 :

속도 :

큐 기울기 :

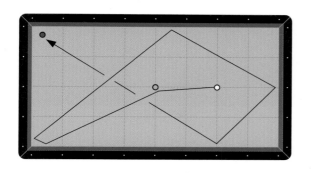

두께 :
당점 :
타법 :
속도 :
큐 기울기 :

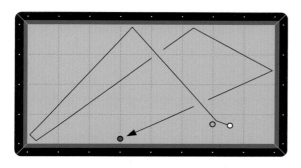

두께 :
당점 :
타법 :
속도 :
큐 기울기 :

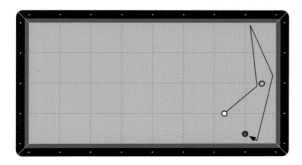

두께 :
당점 :
타법 :
속도 :
큐 기울기 :

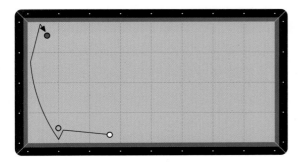

두께 :
당점 :
타법 :
속도 :
큐 기울기 :

3 : 키스 피하기

두 번째, 키스(Kiss)를 피하기 위해서 두께와 당점의 변화를 주어야 한다는 것은 이해할 수는 있지만, 어떻게 얼마나 바꾸어야 하는지는 의문일 것이다. 우선, 키스가 발생할 수 있는 배치를 기억해야만 한다. 모든 뒤 돌리기 배치에 키스가 발생하는 것은 아니기 때문이다.

키스 배치도 1

제2목적구가 코너에 있을 때 제2목적구가 위치한 장 쿠션의 반대쪽 코너와 제1목적구, 내 공이 직선으로 놓여 있으면 키스의 발생률이 매우 높다.

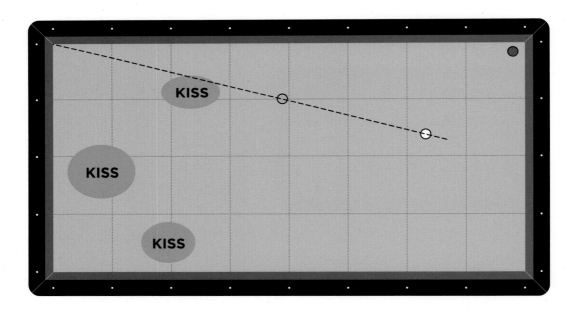

위의 그림과 같이 코너-제1목적구-내 공이 일자로 놓여 있다면 반드시 키스를 걱정해야 한다. 이런 배치는 실전에서 매우 많이 접하게 되므로 많이 연습해야 한다. 실제로 독자들은 당구대에서 똑같이 공을 놓고 시도해 보아야 한다. 어떻게 어디에서 키스가 발생하는지 관찰해야 하고, 어떻게 하면 키스를 피할 수 있는지 연구해야만 한다.

키스 피하기 1

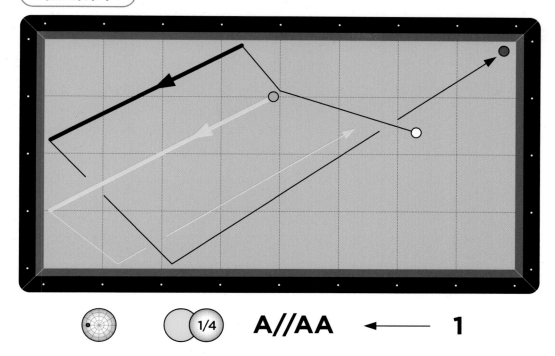

1/4 A//AA ← 1

두께가 너무 얇아도, 너무 두꺼워도 키스가 발생한다. 그림에서 굵은 선으로 진행하는 구역을 살펴보자. 내 공이 제1목적구를 맞힌 후에 첫 번째 쿠션에서 두 번째 쿠션으로 진행하는 속도가 제1목적구의 속도와 거의 같아야 한다.

눈으로 볼 때 내 공과 제1목적구가 단 쿠션으로 진행하는 모습이 마치 같은 속도로 달리기를 하는 것처럼 보여야 키스를 피할 수 있다. 그러면 단 쿠션에 내 공이 먼저 도착하면서 시차 진행으로 키스를 피하고 득점할 수 있다.

키스 배치도 2

제2목적구가 코너에 있을 때 제2목적구의 대각선 방향의 코너와 제1목적구, 내 공이 직선으로 놓여 있으면 키스의 위험이 크다. 흔히 말하는 하단 당점으로 끌어서 뒤 돌리기를 시도해야 하는 배치이나 제2목적구가 당구대의 중앙 부근에 놓여 있다면 키스의 확률은 상당히 높아진다.

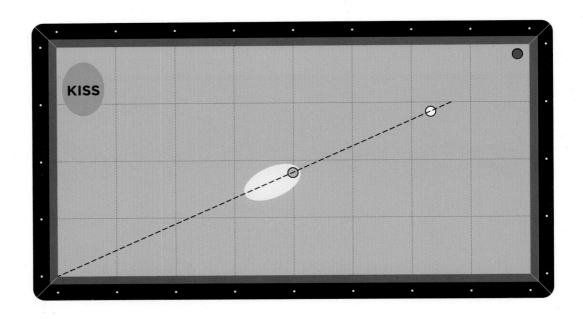

하단 당점으로 끌어서 뒤 돌리기를 시도해야 하는 배치이나 붉은색의 코너 부근에서 키스를 피하기는 매우 어렵다. 제1목적구가 장 쿠션을 맞고 코너 부근으로 진행하는데, 이때 내 공이 끌리면서 속도가 느려지므로 키스가 발생한다.

키스 피하기 2-1

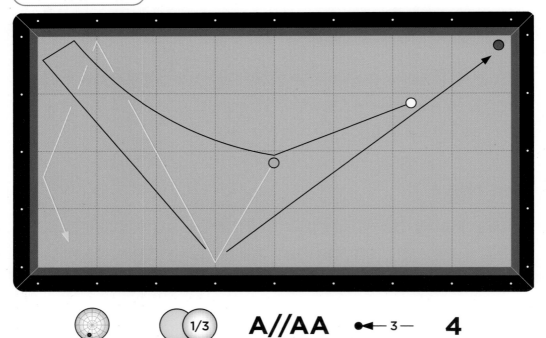

A//AA　←―3―　　**4**

첫 번째 해결 방법은 두께를 최대한 얇게 선택하여 제1목적구가 장-장 쿠션으로 진행하도록 하는 것이다. 이때 내 공의 당점은 6시30분의 최하단으로 결정해야 한다. 이유는 좌회전이 많이 결정되면 제2목적구를 맞히지 못할 정도로 내 공이 길게 진행하기 때문이다.

내 공이 부드럽게 곡선을 그리면서 끌릴 수 있는 타법과 속도가 어려울 것이다. 반드시 이 배치에서만 이 당점과 타법을 사용하는 것이 아니므로 자신감 있게 구사할 수 있도록 많이 연습해야 한다.

키스 피하기 2-2

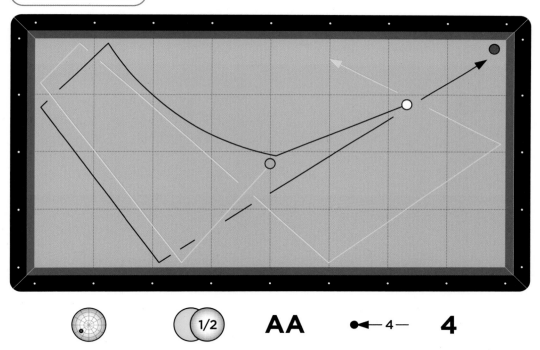

필자가 많은 시도를 해 본 결과 두 번째 해결 방법이 훨씬 성공률이 높고 연속 득점을 위한 포지션 플레이가 쉽다는 것을 알았다.

두께 1/2, 45도 방향의 좌·하 당점으로 자신 있게 샷을 한다면 키스를 자연스럽게 피할 수 있고, 제1목적구가 아주 좋은 위치에 도착하는 것을 알 수 있을 것이다.

똑같은 위치에 공을 놓고 100번만 시도를 해 보면 누구든지 답을 찾을 수 있다. 그런 시간을 갖지 않고 쉽게 답을 얻는 사람은 쉽게 잊기 마련이다.

키스 배치도 3

제2목적구가 코너에 놓여 있고 장 쿠션과 수평으로 제1목적구와 내 공이 놓여 있다면 키스를 걱정해야 한다. 제1목적구와 내 공의 배치가 장 쿠션과 수평으로 놓여 있다고 해서 이런 모든 배치에서 키스가 있는 것은 아니다. 하지만 쉽게 생각하고 시도했는데 득점이 되기 직전에 키스가 나면 너무 어이없고 아쉬우므로 이런 특정한 배치는 기억 해야만 한다.

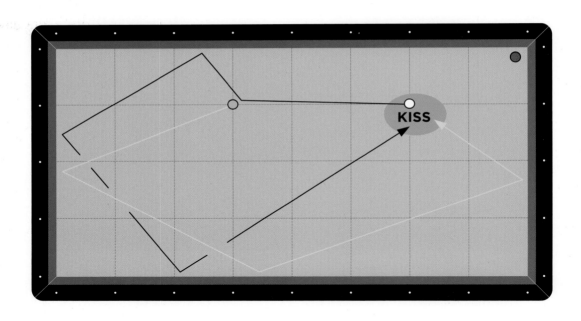

내 공은 장-단-장 쿠션으로 진행하여 제2목적구로 향하고, 제1목적구는 단-장-단-장 쿠션으로 진행하면서 내 공과 키스를 유발하게 되는 배치이다. 이런 종류의 키스 배치 는 생각보다 많으므로 독자들은 다양한 배치를 경험하면서 특정 위치를 기억하는 시 간을 가져야만 한다.

제1목적구를 맞히는 두께는 일정하게 하고, 당점만 바꾸어도 키스를 피할 수 있다. 독자들은 어떤 두께와 당점의 조합을 찾아냈는가?

이런 배치에서는 제1목적구의 진행 경로를 바꾸는 것보다 내 공과 제1목적구의 진행 속도를 바꾸는 것이 현명하다. 그러기 위해서는 제1목적구나 내 공 중에서 한쪽의 속도를 느리게 하는 것이 쉽다. 제1목적구의 속도를 느리게 하려면 두께를 얇게 선택해야만 하고, 두께를 얇게 선택하면 득점하기가 어려우므로 내 공의 속도를 느리게 할 수 있는 당점을 선택하는 것이 훨씬 똑똑한 결정이라 하겠다.

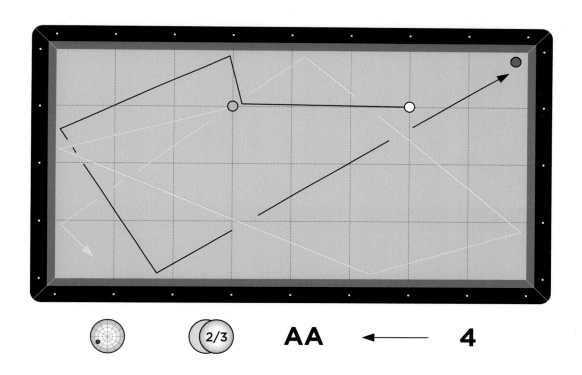

키스 배치도 4

제2목적구가 코너에 놓여 있고 제1목적구와 내 공이 당구대의 중앙에 장 쿠션과 수평으로 놓여 있다면 키스를 걱정해야 한다. 특히, 완전히 일자가 아니라 공 한 개 정도의 차이로 끌어서 시도해야 한다면 키스의 발생률이 더욱 높다.

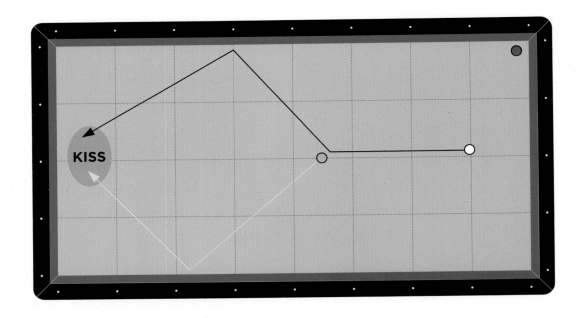

키스 피하기 4

키스가 발생하는 가장 큰 원인은 내 공의 진행 경로에 제1목적구가 있기 때문이다. 두께를 조금 더 두껍거나 얇게 결정하여 제1목적구가 내 공의 진행 경로로 이동하지 않도록 한다면 키스를 피할 수 있다.

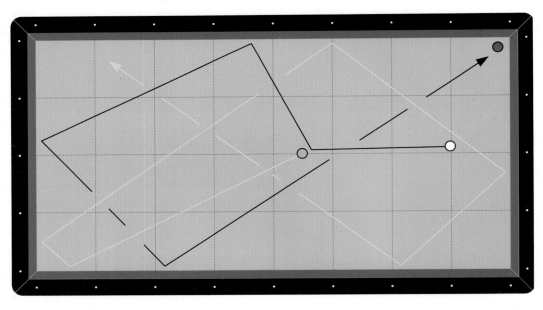

  AA//AAA ← **4**

키스가 발생하는 두께보다 얇게 결정하여 키스를 피하고 득점을 할 수 있으나, 다음 배치가 좋게 놓이지 않을 것이다. 두께를 키스가 발생하는 두께보다 두껍게 선택하여 제1목적구를 대회전시킨다면 쉽게 연속 득점을 할 수 있는 기회를 만들 수 있을 것이다.

키스 배치도 5

제2목적구가 코너 근처에 놓여 있고 제1목적구와 내 공이 반대쪽 장 쿠션에 가까이 놓여 있다. 두께를 두껍게 결정하여 뒤 돌리기를 시도할 수 있으나 어이없게 제1목적구가 제2목적구를 맞히는 키스를 경험해 보았을 것이다. 한숨과 푸념으로 그냥 넘어갈 일이 아니다. 제1목적구의 진행을 전혀 예상하지 못했다는 것이므로 깊이 반성해야 할 것이다.

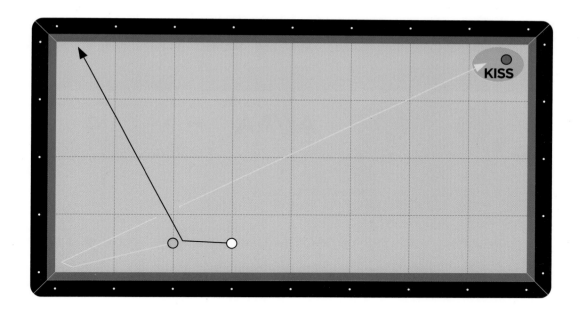

키스 피하기 5

대부분 독자는 치고 싶은 당점을 먼저 결정한다. 당점이 우선적으로 결정된다면 시도할 수 있는 두께는 한정적이다. 키스를 피하기 위하여 최우선으로 생각하여야 할 것은 제1목적구의 진행을 바꿀 수 있는 두께를 결정하는 것이다. 왜냐하면 당점을 먼저 결정하면 두께를 바꿀 수 없지만, 두께를 먼저 결정한다면 그에 따른 당점은 찾아낼 수 있기 때문이다.

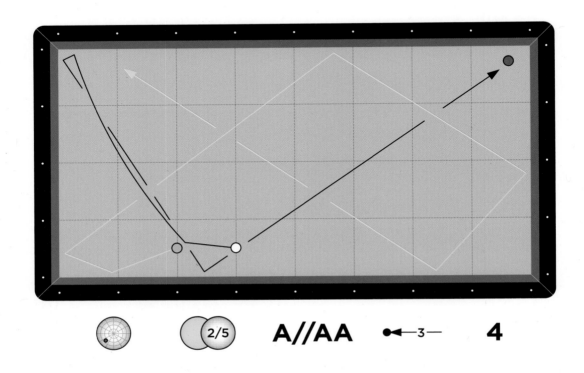

독자들은 두께를 1/2 이하로 결정하여 뒤 돌리기를 시도할 수 있겠는가?

4구 경기를 생각해 보자. 내 공으로 제1목적구를 맞혀서 직각으로 끌어야 할 때의 두께와 당점을 알고 있는가? 위의 배치에서 내 공이 제1목적구를 맞히고 진행하는 각도는 직각이 되지 않는다. 다시 말해서 직각으로 끌지 않아도 된다는 말이다.

그러므로, 하단의 당점이 잘 선택된다면 두께를 훨씬 얇게 결정할 수 있다는 결론을 내릴 수 있다.

실제로 같은 위치에 놓고 시도해 보자. 과연 자신이 선택한 하단의 당점을 끌어치기 당점이라고 할 수 있는지 검토해 보아야 할 것이다.

키스 배치도 6

아래의 배치는 실전에서 다양하게 접할 수 있다. 제2목적구의 위치에 따라서 3번째 쿠션의 위치는 달라진다.

평범하게 계산법에 맞춰서 두께를 선택하고 자연스럽고 편안하게 시도한다면 제1목적구가 내 공의 진행을 막는 키스가 발생할 것이다. 제1목적구의 진행을 생각하지 않는다면 이렇게 눈에 보이는 키스조차도 피하지 못할 것이다.

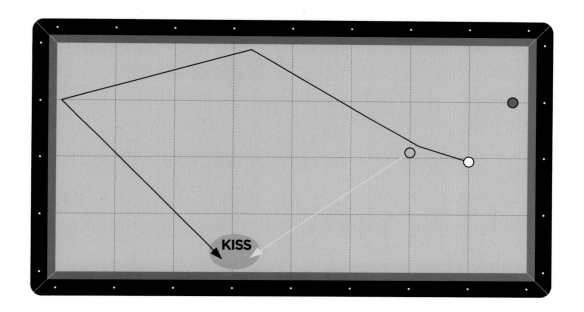

키스 피하기 6-1

여러 가지 방법 중에 첫 번째는 매우 얇게 두께를 선택하는 것이다. 두께를 매우 얇게 맞힌다면 제1목적구는 장 쿠션의 3포인트가 아닌 4포인트로 향하게 되고, 키스를 피할 수 있는 공간이 생긴다. 이때, 회전량을 최대로 결정한다면 제2목적구를 맞히지 못하므로 회전량을 줄여서 공략하도록 한다.

또한, 회전을 줄인다고 하여 무회전(No English)으로 시도하면 내 공의 진행 경로가 너무 길어지므로 여러 번 시도하면서 적절한 회전을 찾아야 할 것이다. 성공했다면 두께와 당점, 속도를 반드시 외워야 한다. 당구는 계산이 아니라 외워서 치는 것이다.

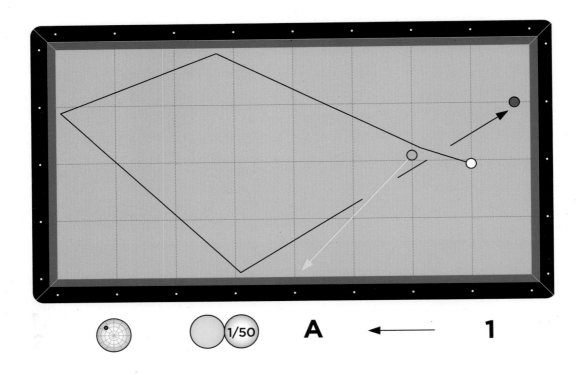

키스 피하기 6-2

두 번째 방법은 두께를 매우 두껍게 선택하는 것이다. 두께를 매우 두껍게 맞힌다면 제1목적구는 단-단 쿠션으로 진행하므로 키스에 대한 걱정을 하지 않아도 된다.

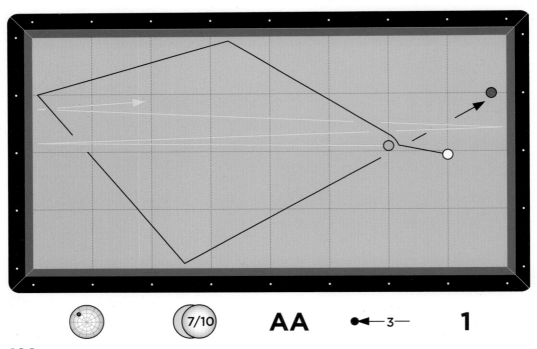

AA ←3— 1

하지만 너무 두껍게 시도한다면 제1목적구가 제2목적구를 맞히는 키스가 발생할 수 있으므로 연습을 통하여 두께를 선택할 수 있는 범위를 알아야 한다.

키스 피하기 6-3

마지막 세번째 방법은 진행 경로를 바꾸는 것이다. 직접 3쿠션으로 경로를 선택하는 것이 아니라, 짧게 4쿠션으로 경로를 선택한다면 키스를 피할 수도 있지만 포지션 플레이도 이루어지므로 아주 좋은 선택이라고 할 수 있다.

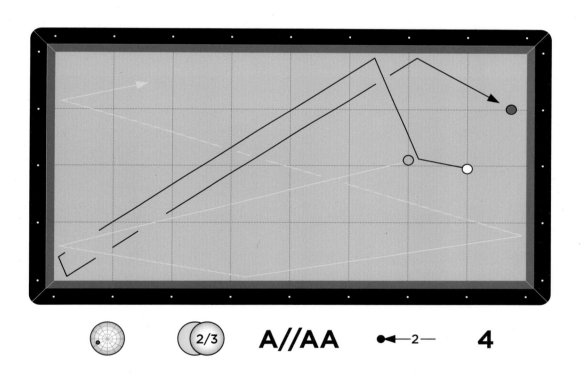

같은 뒤 돌리기라 하더라도 경로를 길게 선택할 것인지 짧게 선택할 것인지에 따라서 키스를 유발할 수도, 피할 수도 있다. 또한, 득점한 후의 배치가 전혀 달라지므로 여러 가지 다양한 연습을 해야 하고, 경로와 배치에 따른 답을 외우고 있어야만 실전에서 시간을 절약할 수 있다.

뒤 돌리기 대회전은 스트로크가 빠르기만 하면 잘 칠 수 있는 것이 아니다. 아래의 도면에서는 먼 거리를 이동하여 득점을 하려는 순간에 키스를 경험하게 되는 매우 위험한 배치이다.

독자들은 이런 경험을 하게 되면 단순하게 '재수가 없었다!'라고 생각한다. 하지만 절대 재수가 없는 것이 아니다. 이 배치에서 키스가 발생할 수 있다는 것을 모르는 것도 실력이고, 키스의 위험을 알면서도 키스를 피하지 못하는 것 또한 실력이다. 많은 연습을 통하여 답을 찾고 외워야 한다.

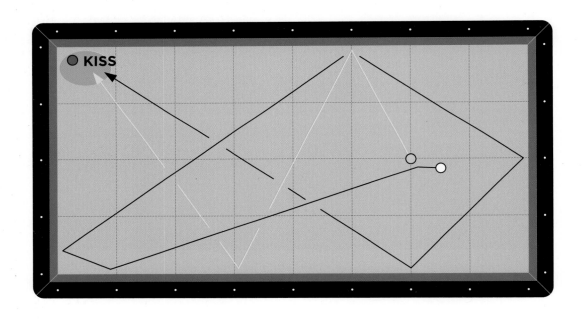

키스 피하기 7

오른쪽의 최대 회전으로 얇게 맞혀 내 공을 코너로 보낸다면 키스를 피하기 어렵다. 위의 도면처럼 제1목적구가 코너로 진행하기 때문이다.

두께를 1/2로 결정하고 3시 방향의 회전력으로 길게 미는 스트로크(Long Follow Stroke)를 한다면 키스를 피할 수 있을 뿐 아니라 포지션 플레이를 할 수 있다.

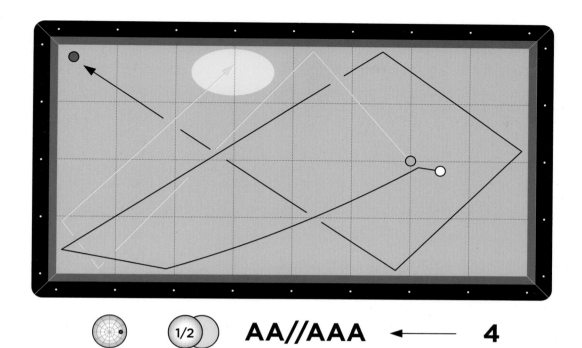

AA//AAA ← 4

같은 경로라고 하더라도 득점을 하기 위한 정답은 없다. 두께와 당점, 그리고 속도와 충격량의 조합이 어떻게 이루어지느냐에 따라서 답은 무수히 많기 때문이다. 다만 키스를 피하고 연속 득점을 할 수 있는 다음 배치를 만들 수 있다면 그것이 정답이라고 말할 수 있을 것이다.

한 번의 기회뿐인 실전에서
멋지게 성공하기 위한 방법은
머리가 아닌 몸으로 기억하는 연습뿐이다.

105

너무나도 많은 동호인이 계산법이라는 것에 의존하면서 3쿠션 경기를 하려고 한다.

계산법은 가이드라인(Guide Line)일 뿐이다. 통계적인 경로를 나타낸 것이다. 하지만 동호인들은 회전력이 달라지면 경로 또한 달라진다는 것을 망각한다. 4구, One Cushion, 8볼, 9볼, 10볼 등… 당구의 어떤 종목도 두께보다 회전을 먼저 결정하는 경우는 거의 없다.

3쿠션 경기도 마찬가지이다. 키스를 피하기 위해서, 포지션 플레이를 하기 위해서 두께를 결정하고 그 이후에 각도를 형성하기 위하여 당점을 선택하는 것이 올바른 순서이다. 따라서 계산법만 믿고 맹신한다면 회전력을 조절할 수 없을 뿐만 아니라, 자신의 감각마저 잃게 되는 결과를 초래할 수밖에 없는 것이다.

많은 동호인이 레슨을 받으러 찾아오면서 공통적으로 하는 하소연이 "실력이 더 이상 늘지 않아요.", "예전보다 수지는 올렸는데 실력은 더 줄어든 것 같아요."라는 말이다.

원인은 간단하다. 계산법을 처음 접했을 때, 마치 구세주를 만난 것 같은 마음이었을 것이다. 그러면서 시간이 지날수록 또 다른 계산법에 관심을 둔다. 심지어는 자신만의 계산법을 만들기도 한다. 어떨 때는 부드럽게, 어떨 때는 강하게도 구사할 수 있어야 하고 회전력을 많이 또는 적게 결정하면서 감각적인 구사를 하여야 하는데 '이 회전으로 어디를 맞히면 된다.'라는 생각이 계산법의 감옥에 자신을 가두게 된 것이다.

계산법을 모르는 사람이 뱅크 샷을 성공시키면 굉장히 놀란다. 이것이 놀랄 일인가? 수많은 경험을 통하여 자신만의 가이드라인이 당구대 바닥에 그려지기 때문에 느낌으로 구사하는 것이다. 이런 사람들은 당점의 변화에 따라서 변화된 가이드라인을 새롭게 그릴 수 있는 능력 또한 있다. 계산법에 사로잡힌 사람과 느낌으로 구사하는 사람, 둘 중에 누가 발전할 가능성이 크다고 할 수 있겠는가?

과연 나 자신은 지금 어떤 수준인가를 되돌아보아야 한다.

4 : 난구

난구(難球)라는 것은 말 그대로 성공시키기 어려운 배치를 말한다. 하지만 기본구라는 것이 모든 사람에게 기본구가 아니듯이, 난구라는 것이 모든 사람에게 난구는 아니다. 연습량에 따라서 기본구가 난구일 수도 있고, 난구가 기본구가 될 수도 있는 것이다.

흔히들 뒤 돌리기에서 난구라고 말을 하는 배치들은 첫 번째 쿠션까지 보내기가 어렵거나 키스를 피하기가 어려울 경우, 또는 제2목적구를 맞히기 힘든 상황에 놓여 있을 경우를 말하는데, 필자가 여기에 한 가지 더 추가하고 싶은 것은 득점하기는 쉽지만 포지션 플레이가 되지 않을 경우이다. '쉽다'라고 말할 수 있는 배치는 득점뿐만이 아니라 다음 득점을 위한 포지션 플레이도 되어야만 한다.

4구 경기의 예를 들자면 목적구 두 개가 당구대의 중앙에 놓여 있다고 해서 모든 사람이 대량의 연속 득점을 할 수 있는 것은 아니다. 득점 이후에 빨간 공을 어디로 이동시켜서 다음 득점을 할 것인가를 생각하고 경기를 진행해 나아가야만 '고수'라는 소리를 들을 수 있는 것이 아닌가? 그런데 1점 득점하기는 쉽지만 득점을 하고 나서 상대방의 공 뒤에 가려질 것 같다면 쉬운 공이 아니라 난구라고 판단해야 맞을 것이다.

난구를 풀어 나아가는 방법은 크게 3가지라고 말할 수 있다.

1. 두께와 당점을 바꾸는 방법
2. 내 공의 진행 속도를 바꾸는 방법
3. 경로의 선택을 바꾸는 방법

1번은 키스를 피하기 위해 많이 사용하는 방법이 되겠고, 2번은 두께와 당점은 고정하고 속도를 다르게 하여 제2목적구를 맞히는 성공률을 높일 때 사용하는 방법이다. 1번과 2번 모두 시도하기 힘들다면 3번과 같이 뒤 돌리기를 고집하지 않는 것이 바람직할 것이다

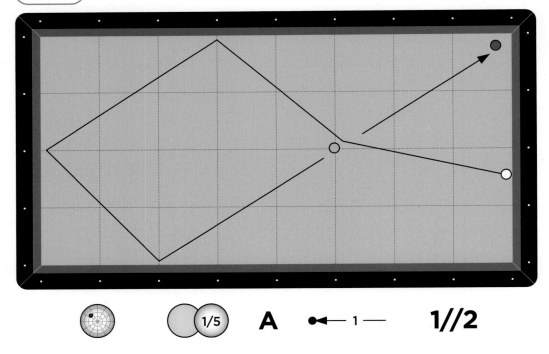

독자들은 내 공이 쿠션에 가까이 붙어 있는 배치의 연습을 하지 않는다. 연습을 한다고 하면서도 내 공이 쿠션에 가까이 붙으면 습관적으로 떨어뜨려서 큐걸이(Bridge)를 편안하게 놓고 다음 샷을 한다.

연습은 실전처럼 해야만 한다. 내가 자세를 취하기 편하거나 큐걸이(Bridge)를 잡기 좋은 배치, 칠 줄 아는 배치만 놓고 하는 연습은 연습이 아니라 시간 낭비일 뿐이다.

도면의 문제는 내 공이 쿠션에서 5cm만 떨어져 있어도 그렇게 어려운 형태는 아니다. 하지만 중단 최대 회전을 사용할 수 없을 정도로 내 공이 쿠션에 붙어 있다면 어떻게 처리할 것인가? 최대 회전력의 효과를 내기 위해서는 상단 당점에서 큐의 뒤를 약간 들어서 찍어 치는 듯한 자세로 시도해야 한다. 큐가 기울어지면 내 공의 진행도 많이 달라지므로 두께의 조준 방법도 달라져야 할 것이다.

난구 2

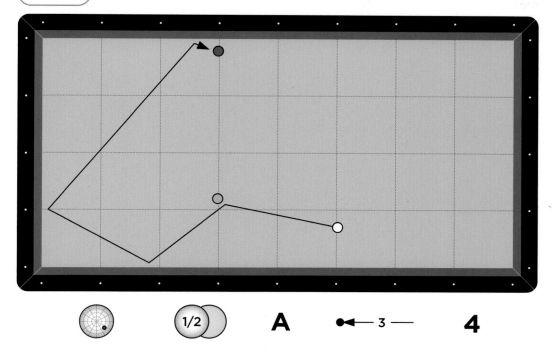

최대 회전을 이용하여 성공률을 높일 수 있는 배치이다. 어설픈 회전력으로 끌어서 시도한다면 매우 정확한 각도로 진행시켜야만 한다. 또 실전에서는 제2목적구(빨간 공)가 쿠션에 붙어 있는 경우도 맞이하게 될 것이다.

제1목적구를 두껍게 결정하고 내 공이 최대 회전력으로 천천히 진행할 수 있는 당점을 찾아야 한다. 실전에서도 자신감 있게 구사할 수 있을 정도로 많은 연습이 필요하다.

배치를 조금씩 이동시켜서 비슷한 형태로 다양한 연습을 해야만 감각적인 응용력이 생길 것이다.

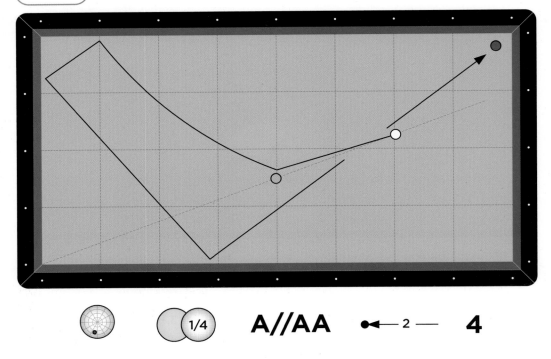

A//AA ←—2— **4**

키스 피하기에서 설명하였던 문제의 도면이다.

쉽지 않지만 실전에서 자주 만나게 되는 배치이고 확신을 가지고 구사할 수 있어야 한다. TV에서 선수들이 얼마나 자연스럽게 구사를 하는지 눈여겨본 독자들은 잘 알 것이다.

여기에는 두 가지 해법이 있다. 얇은 두께를 선택하여 구사할 수도 있고, 1/2 정도의 두께를 선택할 수도 있다. 내 공이 라운드를 그리는 끌어 치기를 하여 키스를 피할 수 있으므로 4구 실력이 탄탄하지 않다면 성공하기가 매우 어려울 것이다.

두껍게 공략하는 해법은 연속 득점 편에 소개하겠다.

난구 4

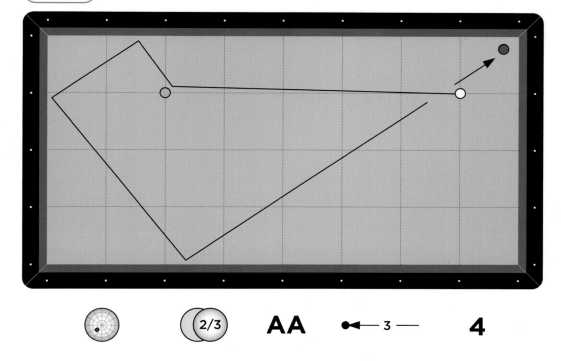

키스의 위험이 있고, 키스를 피하고 득점을 하여도 어려운 포지션이 만들어지는 배치이다. 제1목적구를 크게 돌려 다시 제자리 근처에 보내면 연속 득점을 하기가 수월하겠지만 목적구의 속도를 조절하기가 매우 어렵다. 더군다나 제2목적구에 거의 득점이 되려는 순간에 키스까지 발생할 수 있으므로 매우 까다로운 배치가 아닐 수 없다.

이런 경우에는 제1목적구를 다시 제자리 근처에 세우려고 애를 쓰지 않아야 한다. 제1목적구를 좌측 하단의 코너 쪽으로 진행 시키는 대신 제2목적구를 코너에서 꺼내는 방법으로 시도해 보자.

득점하기에도 포지션 플레이를 하기에도 이 방법이 훨씬 머리가 덜 아플 것이다.

뒤에 나오는 연속 득점 편에서 자세히 설명하기로 하겠다.

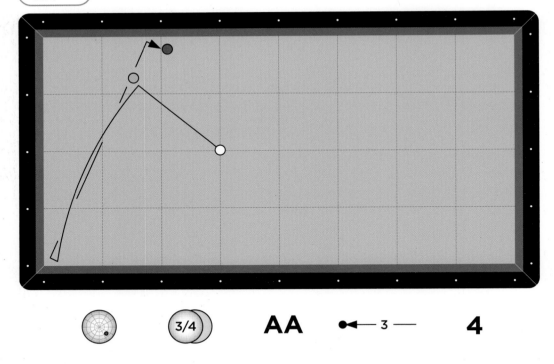

3구 경기를 즐기는 독자들에게는 장-장-장으로 진행하는 횡단 경로가 우선적으로 보일 수 있는 배치이지만 횡단 샷은 키스가 발생할 확률이 높다.

제1목적구를 두껍게 겨냥하여 키스를 피하고 내 공은 밀리면서 끌리는 듯한 진행으로 급격한 라운드를 그리면서 진행할 수 있도록 해야 한다. 비틀리지 않는 깨끗한 스트로크를 할 줄 알아야 하고, 당점을 놓치지 않는 집중력이 필요하다.

어려워 보이는 진행이라고 생각할 수 있지만, 고수보다는 기초를 배우는 초보자들이 더 잘 성공시키는 배치이다.

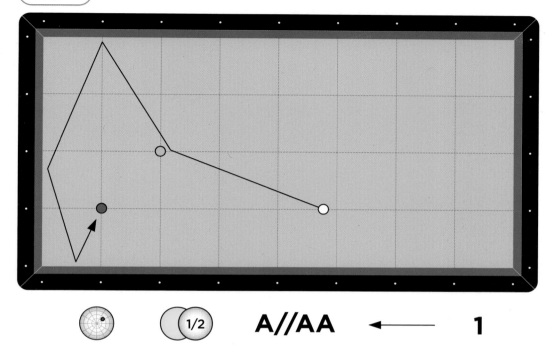

난구 6

A//AA ← 1

무회전(No English)으로 시도해 보면 내 공이 밀려 들어가면서 득점을 하기가 어렵다는 것을 알 수 있다. 그러므로 내 공이 밀리지 않도록 하는 당점을 찾는 것이 해법이다. 어떤 당점으로 구사하는 것이 좋을지 생각해 보자.

하단으로 당점을 낮추어 시도해도 좋으나 충격량에 따라서 끌리는 정도를 조절하기가 쉽지 않다. 충격을 최소화하는 스트로크로 하단 당점을 구사하여도 속도에 따라서 다양한 변화를 일으킬 수 있으므로, 하단 당점을 사용하는 것이 생각보다 어렵다는 것을 알게 될 것이다.

밀리지 않도록 역회전을 조금만 선택해 보자. 독자들은 역회전을 선택하면 항상 리버스(reverse) 효과가 발생한다고 생각한다. 첫 번째 쿠션에서 밀리지 않도록 각도를 형성하고 이후에는 순조로운 무회전(No English) 진행을 확인할 수 있을 것이다.

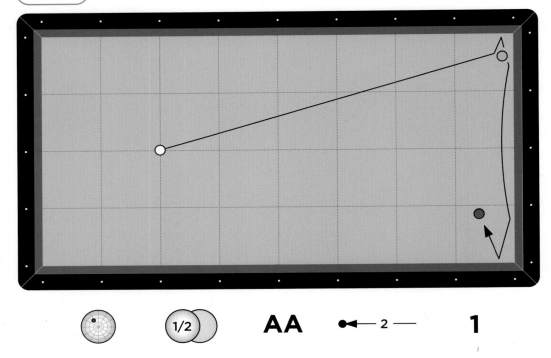

흔히, 밀어치기 바운드 샷(속칭:황오시)을 굉장히 어려운 예술구처럼 생각하지만 목적구가 쿠션에 가까이 있을 때 두께를 1/2 이상 두껍게 선택하고 약간이라도 내 공에 충격을 가하면 일어나는 현상이다.

위의 경로대로 진행시키려고 엄청나게 빠르게 구사하는 사람들이 대부분일 것이다. 첫 번째 쿠션에서 두 번째 쿠션으로 밀려 들어가지 않도록 진행시키기 위해서 역회전을 조금만 결정한다면 빠르고 험하게 구사하지 않아도 편안한 곡선을 그리면서 성공할 수 있을 것이다.

이때 역회전을 너무 많이 결정하여 네 번째 쿠션을 맞고 제2목적구로 진행하는 것이 아니라 다시 단 쿠션을 따라서 진행하는 리버스(Reverse) 현상이 생기지 않도록 해야만 한다.

난구 8

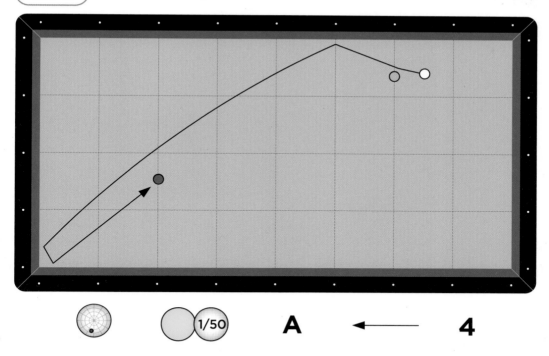

A ← 4

평범하게 구사하면 밀리는 각을 하단 당점의 효과를 극대화해서(일명: 히다ひだ) 밀리지 않도록 하는 어려운 기술이라고 할 수 있다.

실전에서 가끔은 접하게 되는 배치로 대회전을 짧게 시도할 수도 있으나 제1목적구가 제2목적구로 향하는 키스의 위험이 있고, 7쿠션을 거쳐서 득점해야 하므로 성공률이 떨어진다.

이 기술이 어려운 이유는 속도와 충격량에 따라서 내 공이 휘어지는 정도가 달라지기 때문에 한 번밖에 기회가 없는 실전에서 성공하기 위해서는 많은 연습량이 필요하다.

같은 하단 당점이라도 속도와 충격량에 따라서 다양한 변화가 일어나므로 오로지 무수한 연습으로 터득한 감각으로 구사할 수밖에 없다.

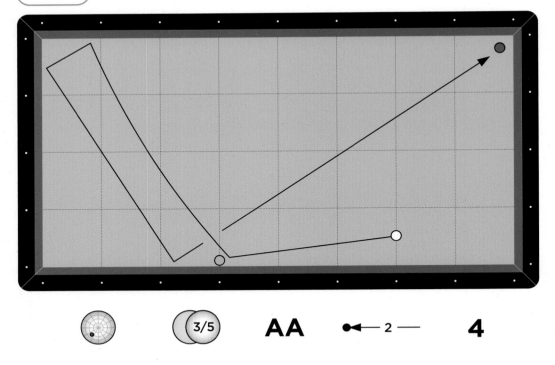

난구 9

3/5   AA   ●←― 2 ―   4

제1목적구가 쿠션에 붙어 있기 때문에 역회전으로 1뱅크를 시도할 수 있겠으나 의외의 키스가 있고, 성공률이 떨어지는 선택이다.

어중간하게 1/2 정도의 두께로 시도하지 말고 제1목적구가 먼저 빠져나갈 정도로 두께를 두껍게 선택해야 한다.

많은 동호인이 두꺼우면 세게 쳐야 한다는 잘못된 공식을 머릿속에 새겨 놓고 있다. 물론 두께가 두꺼우면 내 공이 진행할 수 있는 속도를 제1목적구에게 빼앗기므로 얇게 치는 것보다는 조금 더 빠르게 구사를 해야 하는 것은 맞지만, 두껍게 맞히면 속도는 줄어드는 대신 회전력이 증가하여 충분히 거리를 진행할 수 있으므로 너무 세게 치려고 하지 않아야 한다.

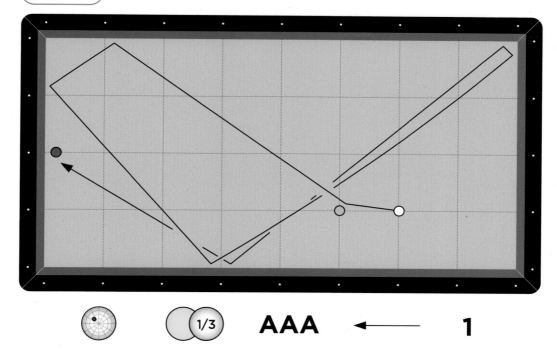

난구 10

1/3 AAA ← 1

지금은 당구 실력이 너무도 많이 발전해서 많은 사람이 알고 있고 실전에서도 구사하고 있는 경로이지만, 1996년 TBC 창사기념 세계 3C 선수 초청경기에서 터키의 세미세이기너 선수(Semih Sayginer)가 시범을 보이기 이전에는 누구도 상상하지 못했던 경로이다.

'와! 저렇게 스피드가 빠를 수 있을까!' 하고 모든 사람이 감탄을 자아낼 수밖에 없었던 예술구 시범이었지만 지금은 너무도 당연히 선택하고 시도하는 문제가 되었다.

하지만 빠른 스피드만 필요한 것이 아니라 정확한 당점 선택이 중요하다는 것을 알아야 한다. 세게만 친다고 성공할 수 있는 것이 아니라는 것이다. 세 번째 쿠션에서 네 번째 쿠션으로 진행할 때 급격하게 곡선(Curve)을 그릴 수 있도록 적절한 당점을 선택하여야 한다. 상단 회전을 너무 많이 결정하여도 너무 짧아져서 각도를 만들 수 없으므로 많은 시행착오를 경험하길 바란다.

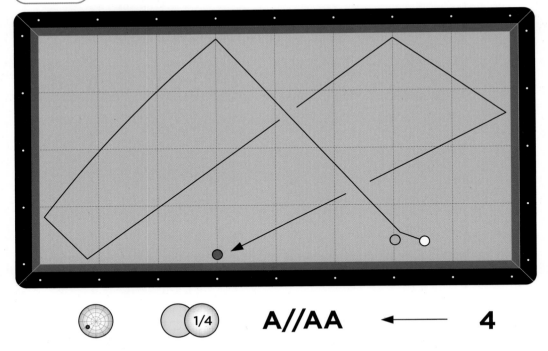

A//AA ← 4

여러 가지 경로 선택을 할 수 있겠으나 순조롭게 진행시킬 수 있는 마땅한 경로가 보이지 않는 배치이다. 뒤 돌리기를 짧게 시도하여 5쿠션으로 진행시키는 방법을 생각해 보자.

약간은 빠른 속도로 쳐야 하고, 각도를 짧게 만들어야 하므로 난구 8의 도면과 같이 하단 당점을 사용하는 것이 효과적이다. 물론 상단 당점을 사용하여도 성공할 수 있으나 굉장히 빠르게 구사해야 효과를 낼 수 있고, 너무 빠르다 보면 생각보다 훨씬 짧아질 수 있으므로 각도를 정확하게 만들어낼 수 있는 속도를 감각적으로 느껴야만 성공할 수 있다.

당구가 어려운 이유는 두께를 맞추는 능력과 속도를 조절하는 능력이 감각적으로 이루어져야 하기 때문이다. 이는 수많은 경험에 의해서만 쌓인다는 것을 명심하길 바란다.

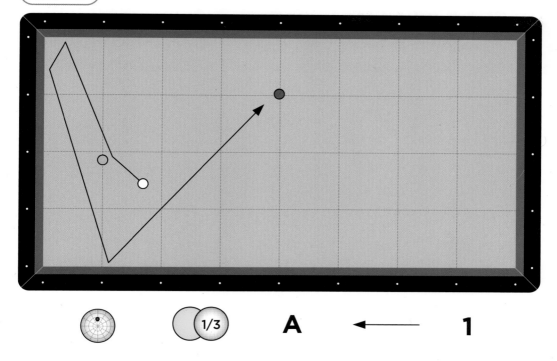

1/3 A ← 1

평범해 보이는 뒤 돌리기라고 생각할 수 있겠으나 좁은 공간에서 당구대의 중앙 쪽으로 넓게 퍼져 나오는 진행의 뒤 돌리기는 당점 조절 능력이 필요하다. 더군다나 제2목적구가 쿠션에 가깝게 위치한 것이 아니라 당구대의 중앙에 위치해 있으므로 경험해 본 사람들은 득점하기가 쉽지 않다는 것을 잘 알 것이다.

세 번째 쿠션에서 네 번째 쿠션으로 진행하는 경로는 No English System을 참고로 하는 것이 바람직하며 되도록이면 느린 속도로 진행시켜서 성공률을 높이도록 해야 한다.

득점이 된다면 연속 득점을 하기가 굉장히 좋은 배치가 형성될 것이다.

5 : 연속 득점

뒤 돌리기를 시도하면서 연속 득점(Position Play)을 위한 포지션 플레이를 할 때 반드시 뒤 돌리기 형태를 만들겠다는 생각은 위험하다. 연속 득점을 할 수 있는 경로가 뒤 돌리기만 있는 것은 아니기 때문이다. 포지션 플레이를 할 때는 몇 가지 법칙을 지켜 주어야만 어렵지 않게 득점할 수 있는 배치를 만들 수 있다.

두 개의 목적구 중에 하나를 코너에 도착하도록 한다.

두 개의 목적구 중 하나가 코너에 위치한다면 다른 하나의 목적구가 당구대 중앙이나 다른 위치에 있어도 연속 득점을 하기 수월해진다.

문제 1

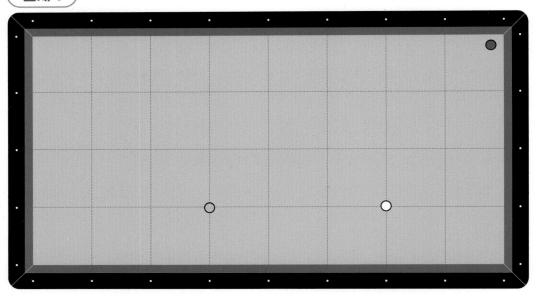

제1목적구를 1/3 정도의 두께로 맞혀 득점을 할 수 있다. 하지만 이런 방법으로 시도했을 때 수구가 천천히 진행하여 제2목적구가 코너에서 빠져나오지 않는다면 오히려 난구를 만들게 된다.

120

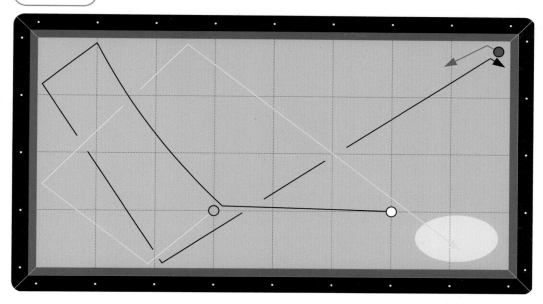

아래와 같은 방법으로 시도를 해 보자. 평소에 제1목적구를 이 정도로 두껍게 구사해 보지 않은 동호인들은 익숙하지 않은 방법일 것이다. 하지만 익숙해진다면 해법 1보다는 훨씬 좋은 포지션 플레이를 할 수 있을 것이다.

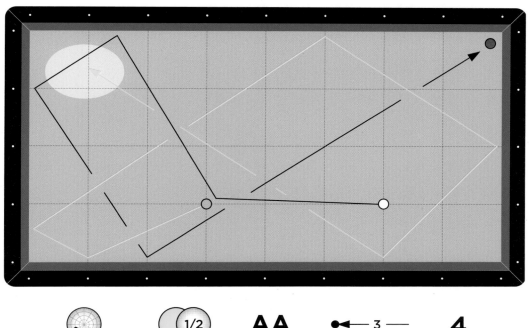

 1/2 **AA** ◂— 3 — **4**

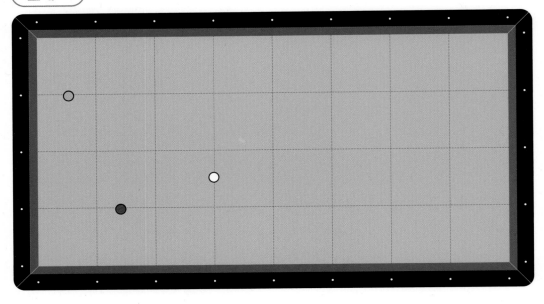

그리 어렵지 않게 성공할 수 있는 배치라고 볼 수 있다. 그렇다면 반드시 연속 득점으로 이어갈 수 있어야 한다.

해법 2-1과 같이 얇은 두께를 선택하여 무회전(No English)으로 시도할 수 있으나, 이러한 방법으로 공략한다면 제1목적구가 오른쪽 단 쿠션 중앙에 위치할 수 있으므로 다음 공격이 매우 까다로워진다.

물론 단 쿠션의 중앙에 위치한다고 해도 제2목적구가 잘 맞아준다면 연속 득점이 이루어질 수 있겠으나 제2목적구를 원하는 만큼 정확하게 컨트롤해서 맞출 수 있는 사람은 없을 것이다.

따라서 제2목적구가 잘 맞아줘서 운 좋게 포지션이 되는 것보다는 제1목적구를 코너로 보내는 것이 훨씬 쉽다.

해법 2-1

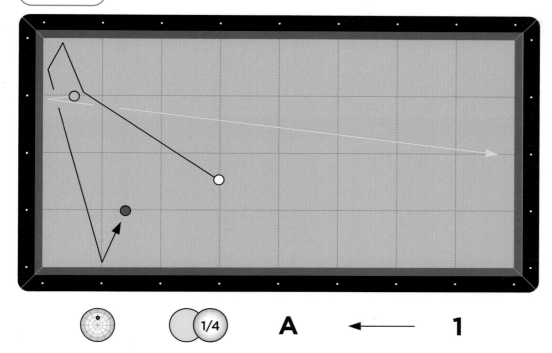

1/4 A ← 1

해법 2-2

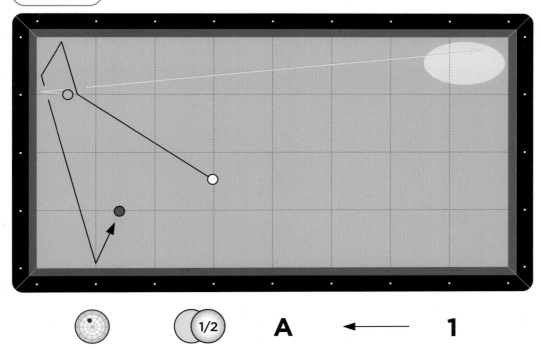

1/2 A ← 1

두께를 조금만 더 두껍게 겨냥하여 시도해 보자. 제1목적구가 위의 도면과 같이 오른쪽 상단 코너로 진행하여 매우 좋은 배치가 만들어질 것이다. 주의할 것은 두껍게 친다고 세게 치지 않도록 한다.

문제 3

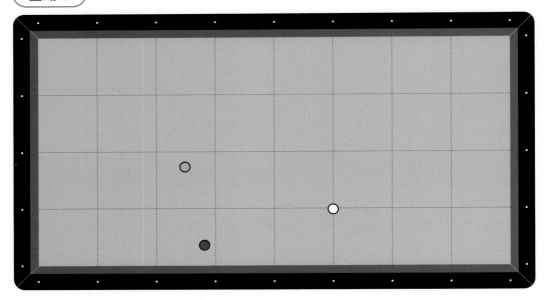

해법 3-1

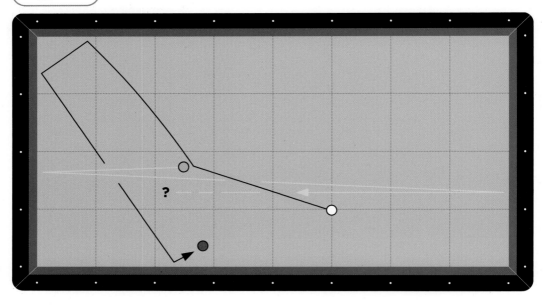

124

최대 회전력으로 제1목적구를 두껍게 맞혀 밀어치듯이 시도하는 경우가 대부분이다. 이럴 경우 제1목적구가 어디에 위치할지 예상을 할 수 없고, 내 공이 빠르게 진행하므로 제2목적구 또한 어디에 도착할지 예상이 되지 않는다.

해법 3-2

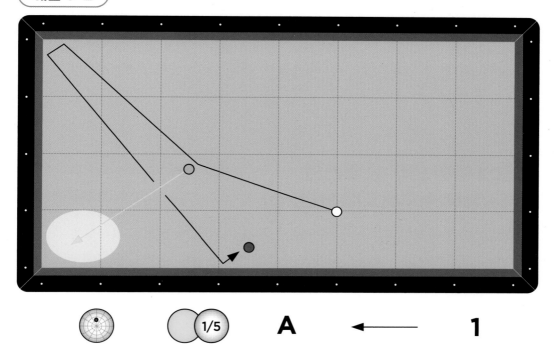

제1목적구를 얇게 맞혀 왼쪽 하단의 코너에 도착하도록 시도해 보자. 두께를 얇게 선택했기 때문에 회전력도 줄여서 천천히 진행하도록 해야 한다. 어떠한가! 제1목적구가 코너에 위치하게 되면 내 공이 제2목적구를 어떻게 맞혀도 다음 배치가 나쁘지 않을 것이다.

속도와 충격량을 최소화하는 것이 중요하다.

포지션 플레이는 경로의 선택을 바꿔야 하는 경우도 많지만 같은 경로로 시도하더라도 두께를 얼마나 선택하고 어떤 당점을 결정하느냐에 따라서 전혀 다른 다음 배치를 만들 수 있으므로 조금만 생각을 바꿀 수 있다면 누구나 연속 득점의 기회를 잡을 수 있을 것이다.

하지만 지금까지의 오래된 습관이 있으므로 실전에서 구사할 수 있을 정도로 익숙해지려면 많은 연습이 필요할 것이다.

포지션 플레이를 몸에 익힌다는 것은 지금까지 알고 있던 해법(두께, 당점, 타법, 속도)을 바꿔서 기억해야 한다는 것이다. 아예 처리 방법을 모르는 동호인들은 처음부터 포지션 플레이가 되는 답으로 배우고 기억하면 되겠지만 오랫동안 득점만을 위한 답을 기억하고 있는 사람들에게 포지션 플레이는 새로운 도전이라고 할 수 있다.

실전에서 구사할 수 있으려면 적어도 3개월 이상의 꾸준한 노력이 필요하고 배운 것이 잘 안 되면 될 때까지 해 보려는 끈질긴 인내심이 필요하다.

세 개의 공을 모두 장 쿠션의 직사각형에 위치하도록 한다.

장 쿠션을 따라서 형성되는 긴 직사각형 안에 세 개의 공이 모두 도착하도록 하는 방법은 아마도 동호인들이 뒤 돌리기의 포지션 플레이를 배울 때 제일 처음에 배우는 방법일 것이다. 필자도 처음 배울 때 너무도 신기하고 재미있어서 뒤 돌리기를 시도할 때마다 뒤 돌리기 포지션을 만들려고 애를 썼던 기억이 난다.

하지만 연속적으로 뒤 돌리기를 포지션할 수 있는 배치는 가장 기본이라고 할 수 있는 몇 가지 배치들뿐이다. 제1목적구를 너무 무리하게 힘을 조절하여 포지션하려다 보면 득점을 못 하는 경우가 생길 수 있으므로 내 공과 제1목적구의 속도 밸런스(Balance)를 맞출 수 있는 배치인지 아닌지를 구분할 줄 알아야 한다. 그러므로 필자가 소개하는 배치들 이외에도 다른 다양한 배치를 많은 연습으로 경험해 보고 '이 배치는 만들 수 있다, 없다.'라고 판단할 수 있는 눈을 가져야만 한다.

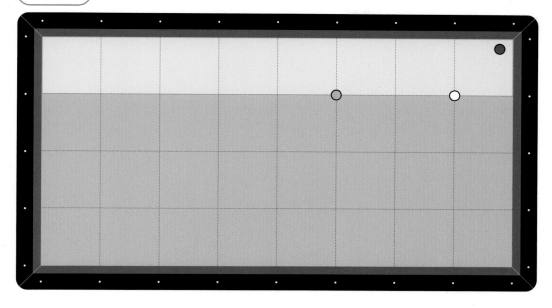

상단의 장 쿠션에 형성된 직사각형에 세 개의 공을 모두 도착시켜야 하는 문제이다. 제1목적구를 장 쿠션으로 진행시키는 방법과 단 쿠션으로 진행시키는 방법의 두 가지 방법으로 구사할 수 있다. 너무 기초적인 문제라서 우습게 생각할지 모르지만 두 가지 방법을 언제든지 구사할 수 있어야 한다.

두 가지 방법은 두께, 당점도 조금 다르지만, 타법이 전혀 다르다. 단순하게 세게 치고 살살 친다고 해결되는 문제가 아니라는 것은 연습해 본 사람만이 느낄 수 있다.

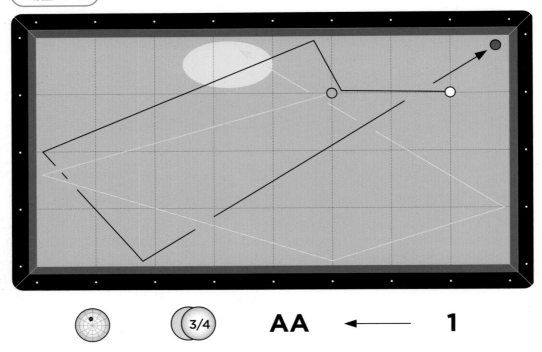

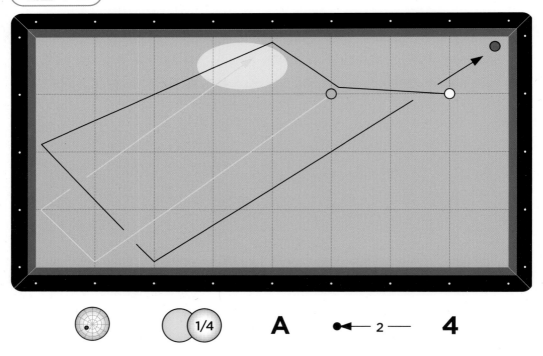

128

문제 5

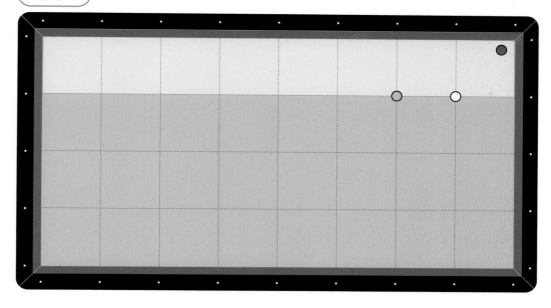

이번에는 두 가지가 아니라 세 가지 방법으로 구사할 수 있다. 경로는 제1목적구를 단 쿠션으로 진행시키는 방법과 장 쿠션으로 진행시키는 방법으로 두 가지의 경우가 있 는데, 제1목적구를 장 쿠션으로 보내면서 득점하는 방법이 두 가지이다.

해법 5-1

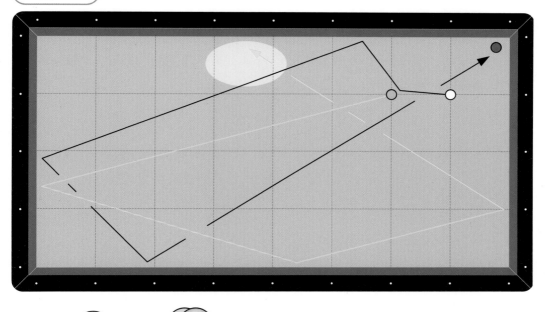

2/3　　　**AA**　←　　**1**

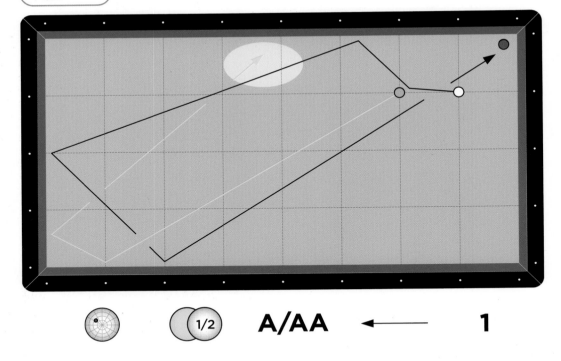

A/AA ← 1

제1목적구를 장-단-장 쿠션으로 진행시키는 방법이다. 대부분 이렇게 시도를 하는데, 두께를 얼마나 결정하느냐에 따라서 성공할 수도 있지만 키스를 낼 수도 있다.

해법 5-2와 5-3은 내 공을 제1목적구의 앞으로 진행시킬 것인지 제1목적구의 뒷공간으로 진행시킬 것인지를 먼저 결정하고 두께를 선택해야 한다. 내 공이 제1목적구의 앞으로 진행하면 제1목적구는 장 쿠션 중앙에 위치할 것이고, 내 공이 제1목적구의 뒤로 돌아 나오면서 득점을 한다면 제1목적구는 코너 부근에 위치할 것이다.

단순하게 장-단-장 쿠션으로 진행시킨다고만 생각해선 안 된다. 제1목적구의 궤도를 정확하게 알고 있어야만 포지션 플레이도 할 수 있고 키스도 피할 수 있다.

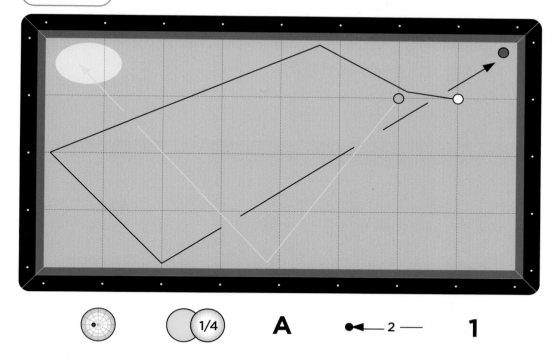

3구 경기를 할 때 동호인들은 두께를 대충 맞히는 경향이 있다. 두께를 정확하게 맞히지 않고 결과만 보고 나서 '덜 밀었네, 회전이 많았네, 큐질이 잘렸네' 등으로 아쉬움을 표현한다.

다시 말하지만 모든 당구 종목의 첫 번째 작업은 두께를 맞추는 것이다. 두께가 정확하다면 타법은 무의미해진다.

많은 사람이 '이건 잘라 쳐야 해', '이건 밀어 쳐야 해' 이러면서 당구를 해석하고 설명한다. 상황에 따라서 틀린 말은 아니지만, 타법이 우선이 되면 안 된다는 것이다.

타법은 첫 번째 쿠션이나 두 번째 쿠션에 정확히 보내기 위한 하나의 수단일 뿐이다. 때려서 치거나 밀어서 쳐야만 성공할 수 있는 것이 아니라는 말이다.

우선은 두께와 당점이 잘 결정되어야 하고, 결정한 두께와 당점으로 효과를 내지 못할 경우에 속도와 타법의 변화를 주는 것이다.

정확한 두께를 맞힌다는 것은 엄청나게 어려운 일이다. 어떠한 공식도 없고, 법칙도 없다. 오로지 무한한 연습을 통한 자신만의 감각으로 맞혀야 하는 것이다. 세계적인 선수들도 평생 연습하는 것이 원하는 두께를 정확히 맞히는 것이다. "오늘따라 두께가 잘 안 맞네"라는 말은 굉장한 자만이다.

문제 6

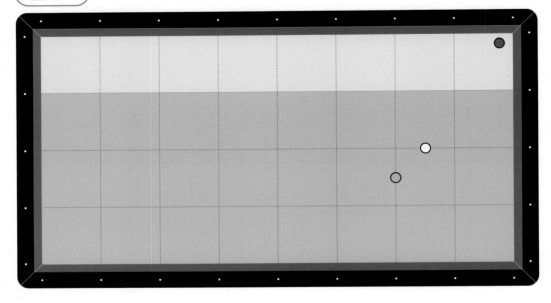

이번에는 끌어서 진행시켜야 하는 뒤 돌리기 문제이다. 부드럽게 끌어서 득점하는 것이 당연하나 이렇게 구사하면 제1목적구가 하단의 장 쿠션에 위치하게 된다.

연속 득점을 위해서는 약간은 강한 타격으로 끌어서 제1목적구를 더블 쿠션으로 진행시켜서 4쿠션으로 상단의 직사각형 안에 도착하도록 시도하는 것이 바람직하다.

해법 6

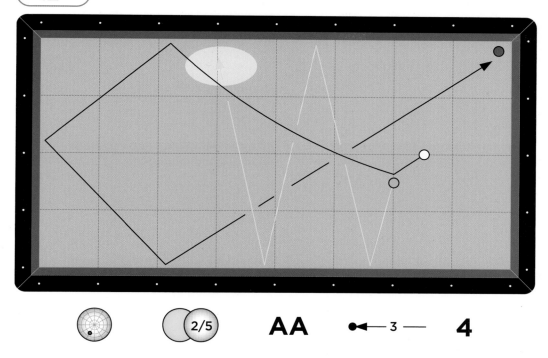

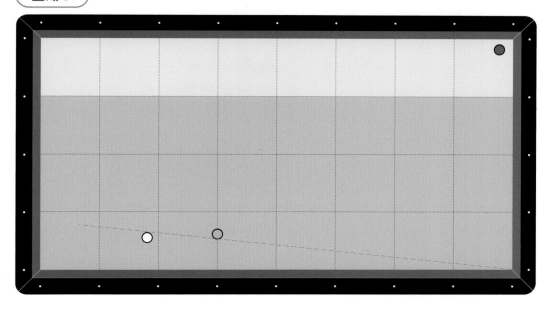

문제 7

이번에는 대회전으로 득점해야 하는 문제이다. '대충 얇은 두께로 치면 성공하겠지'
라는 생각으로 시도한다면 내 공이 세 번째 쿠션에서 네 번째 쿠션으로 진행할 때의 키스를 피하기가 어렵다. 또한, 거리 이동이 많다는 생각 때문에 너무 세게 친다면 키스를 피한다고 해도 각도가 짧게 형성되므로 득점을 하기 어렵다. 별로 어렵지 않은 배치인 것처럼 보이지만 상당히 난해한 배치임을 알고 있어야만 키스를 피하면서 득점을 하고, 동시에 포지션을 할 수 있다.

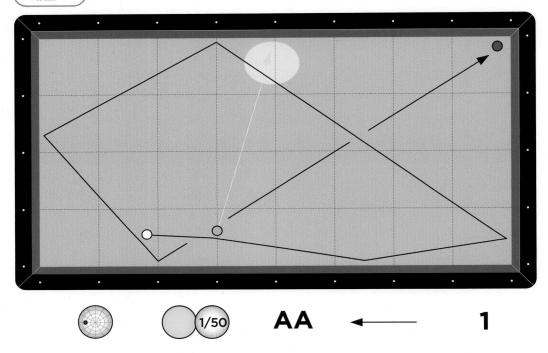

해법 7

연습을 하다 보면 생각만큼 얇은 두께가 맞지 않을 것이다. 앞에서 말했던 주안시 때문인데 생각보다 오조준을 많이 해야 원하는 두께를 맞힐 수 있을 것이다.

가까운 거리에서 원하는 두께를 맞히는 방법에 대해 한 가지 조언을 한다면 무조건 자세를 낮게 한다고 두께가 잘 보이는 것은 아니라는 것이다. 상체를 숙인 자세에서 천천히 허리를 펴면서 시야를 높여 보자. 내 공과 제1목적구의 테두리가 선명하게 보이는 높이가 있을 것이다. 그때 자세를 고정하고 샷을 한다면 조금 더 높은 성공률을 보일 것이다.

당구대의 중앙에 세 개의 공을 모두 모은다.

당구대의 중앙에 세 개의 공이 모여 있다면 득점할 수 있는 여러 가지 경로를 찾을 수 있다. 득점할 수 있는 경로가 다양하면 그중에서 가장 성공률이 높은 방법을 찾을 수 있다는 말과 같다. 코너나 쿠션 쪽에 포지션을 하려다가 조금만 힘이 약하거나 강해도 원하는 배치가 만들어지지 않아서 오히려 어려운 배치가 만들어지는 경우가 생긴다. 물론 많은 연습으로 쿠션이나 코너 쪽으로 포지션을 할 수 있도록 실력을 키워야 하겠지만 그런 포지션이 자신 없거나 불가능하다면 당구대 중앙에 공을 모으는 방법도 나쁘지 않다.

필자가 소개하는 몇 가지 배치만이라도 기억하고 연습하여 실전에서 활용을 할 수 있기를 바란다.

문제 8

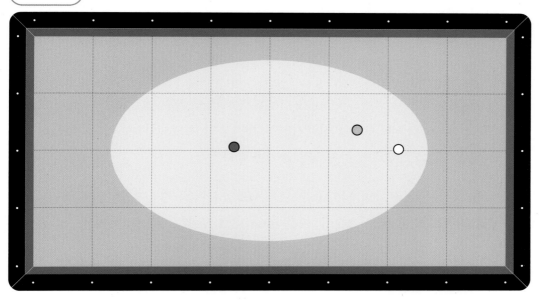

빨간 공을 제1목적구로 뒤 돌리기를 할 수 있지만 약간은 두껍고 빠르게 샷을 해야 하므로 정확성이 떨어지고 키스의 위험도 있다.

노란 공을 제1목적구로 선택하여 얇은 두께로 시도해 보자. 두 개의 목적구가 짧게 이동하므로 당구대 중앙에 도착시키기가 쉬울 뿐만 아니라 얇은 두께를 선택하여 진행시키기 때문에 득점을 하기 위한 각도를 읽기에도 수월하다.

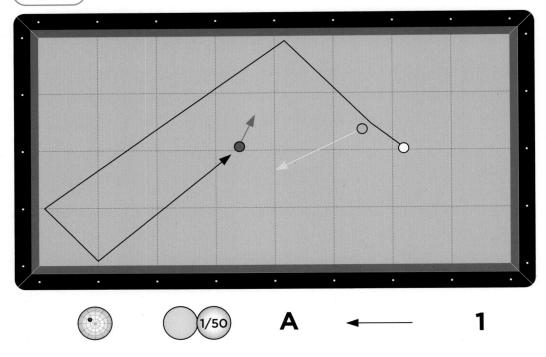

내 공에 충격을 주면서 세게 치면 내가 선택한 당점의 효과가 생각과는 다르게 나타난다. 더욱이 제1목적구에 충격이 전해지면서 목적구의 속도제어가 어려워지므로 자연스럽고 부드러운 스트로크를 하여 공략하도록 한다.

두께 1/50을 맞히라고 하면 막연하겠지만, 세분화하여 두께를 나눌 수 있어야 한다. 당구공의 지름이 61.5mm이므로 1/10은 6mm 정도 된다. 필자는 두께 1mm 정도를 맞히는 것을 1/50로 표기하였고, 그보다 더 얇게 맞히는 경우를 1/100로 표기하겠다.

어려운 두께를 연습한다면 폭넓은 시도를 할 수 있으므로 독자들도 반드시 연습하기를 바란다.

문제 9

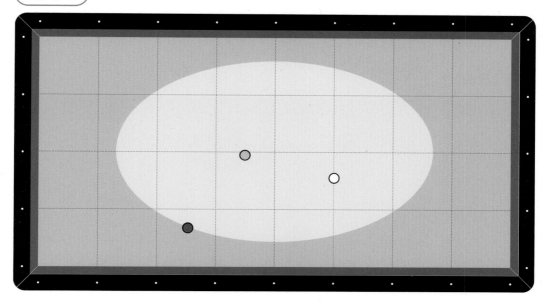

득점할 수 있는 몇 가지 경로가 보인다. 여기에서도 빨간 공을 제1목적구로 선택하여 비껴 돌리기를 시도할 수 있으나 득점이 된다면 목적구 두 개가 한쪽에 몰리게 되어 난구를 만들 확률이 높아진다. 그렇다고 빨간 공이 다시 올라갈 정도로 세게 친다면 득점이 되어도 세 개의 공이 어디에 어떻게 위치하게 될지 예상하기가 어렵다.

해법 9-1

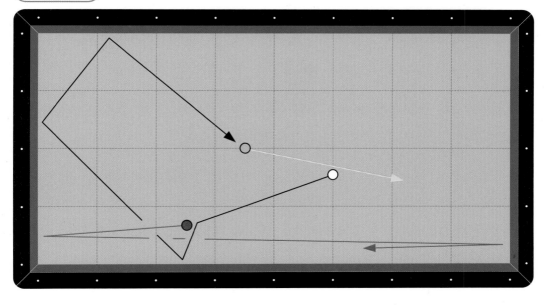

해법 9-2와 같이 시도해 보자. 어렵지 않게 당구대의 중앙에 세 개의 공을 도착시킬 수 있을 것이다.

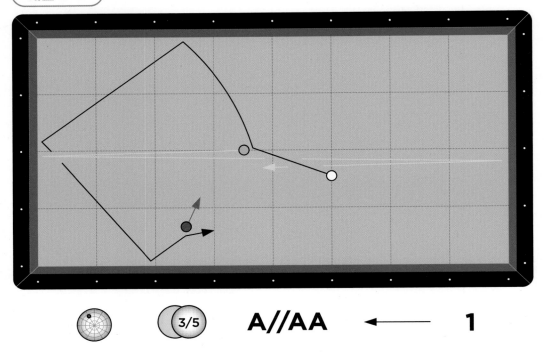

해법 9-2

다양한 경로를 찾을 수 있는 눈을 가져야 한다. 많은 경로 중에 가장 성공하기 좋고 포지션 플레이를 하기 좋은 경로를 선택해야 하기 때문이다. 그러기 위해서는 고수들의 경기를 많이 보고 공부하고 외워야 한다.

사람들은 TV나 인터넷을 통하여 동영상을 보면서 "누가 몇 대 몇으로 이겼더라", "누구는 맛이 갔더라!"라고 말하며 경기의 결과만을 본다.

실력이 늘기를 원하는 사람은 경기를 영화 한 편 보는 식으로 보아서는 안 된다. 처음 이닝(Inning)부터 마지막 이닝까지 시작을 어떻게 했고, 그다음에는 공이 어디에 위치했고, 어떻게 시도했는지 바둑처럼 복기할 수 있을 정도로 반복해서 보아야 한다.

당구 실력이 늘기를 원하는 사람은 동영상을 보았으면 배우는 것이 있어야 한다. 경기 동영상을 영화 보듯이 "와! 잘 치네"하고 감상만 한다면 그 사람에게는 좋은 당구 영화 한 편일 뿐이다. 경기 내용을 완벽하게 기억할 정도로 반복해서 본다면 경로 선택을 할 수 있는 눈뿐만이 아니라 어느 당점을 선택하는지, 스트로크를 어떻게 하는지 등 엄청나게 많은 가르침을 받게 될 것이다.

많은 동호인을 레슨하면서 필자가 오랫동안 시행착오를 거쳐 알게 된 정보나 경험으로 알게 된 지식을 많이 알려주었지만, 오히려 얻은 것도 많이 있다. 그중에 하나를 말하자면, 누군가가 "왼손잡이 선수들이 경기하는 동영상은 구할 수 없을까요?"라는 질문을 했다. 많은 자료를 가지고 있고 구할 수도 있지만, 실력이 있고 자세까지도 멘토(Mentor)로 삼을만한 왼손 선수는 없다면서 하소연을 하는 것이었다. 필자 또한 언뜻 생각해 보아도 자세를 본보기로 삼아서 배울 수 있는 왼손 선수가 생각이 나지 않았다. 몇 달을 그렇게 해결을 못 한 채로 있다가 지방의 전국대회에 나갔을 때였다. 선수들과 같이 식사 중에 왼손잡이 얘기가 나온 것이다. 그 선수도 왼손잡이인데 자기는 "세계적인 왼손 선수를 찾다가 포기하고 동영상을 좌우 반전시켜서 보고 있어요"라는 것이다.

컴퓨터로 동영상을 보는 사람이라면 누구나 알 수 있는 손쉬운 방법인데도 왜 미처 생각하지 못했을까! 세계랭킹에 있는 누구라도 왼손잡이로 만들 수 있는 기가 막힌 방법이 있었던 것을 생각하지 못했던 것이다. 이러면서 또 한 가지의 고민이 해결되었고, 그로 인해 왼손잡이 수강생들의 고민을 더욱 쉽게 설명하고 이해시킬 수 있었다.

또 하나, 지도하면서 느끼게 된 엄청난 가르침은 인내하고 기다려 주어야 한다는 것이다. 필자가 지금 가지고 있는 실력이 하루아침에 쌓인 것이 아니라는 건 누구나 다 알고 있다. 내가 할 줄 안다고 이론이나 느낌을 설명해 주면 수강생도 금방 습득할 것으로 생각하면 큰 오산이라는 것을 시간이 지나면서 많이 느끼게 된다. 아무리 잘 가르치는 사람에게 배워도 수많은 시행착오의 경험이 없다면 어쩌다 한 번 성공할 뿐이다.

배우는 사람도 인내심을 가지도 연습하면서 따라와야 하지만 가르치는 사람도 인내하고 기다려 주어야 한다는 것이다. 선생님들과 학생들 모두 힘든 시간을 견뎌야만 발전할 수 있다. 왜냐하면 당구는 2차 내기를 하는 놀이의 수단이 아니라 운동이고 스포츠이기 때문이다.

문제 10

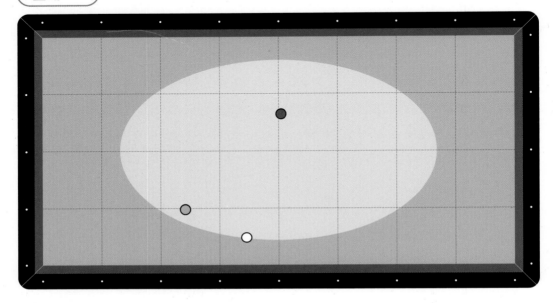

옆 돌리기로 득점할 수 있고, 포지션 플레이도 가능한 문제이다. 옆 돌리기 포지션 플레이는 옆 돌리기 편에서 설명하겠다.

노란 공을 제1목적구로 하여 시도하는 문제이지만 노란 공을 코너에 도착시키려고 두께를 얇게 맞히고 약한 회전으로 시도한다면 키스의 위험도 있을 뿐 아니라 득점에 성공해도 어려운 배치가 만들어질 확률이 높다.

두께를 두껍게 결정하여 충분한 왼쪽 회전력으로 천천히 부드럽게 진행시키고 제1목적구를 단-단 쿠션으로 진행시켜서 당구대의 중앙에 도착하도록 시도해 보자.

해법 10

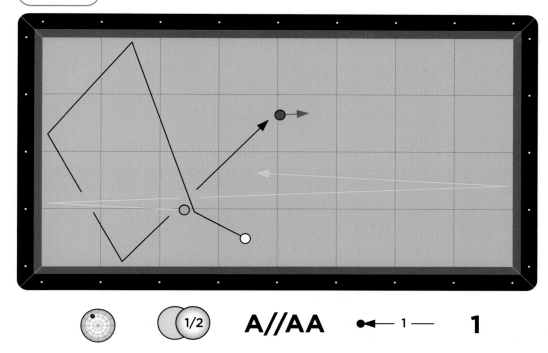

A//AA

문제 11

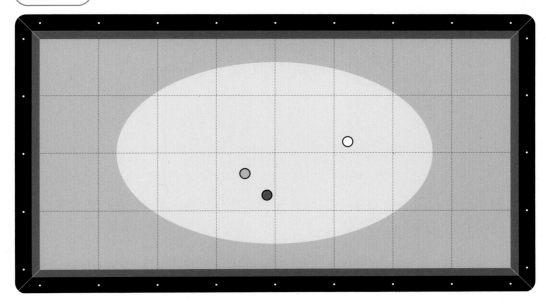

독자들은 득점을 위해서 어떻게 시도를 하고 싶은가? 목적구 두 개가 가까이 모여 있다고 해서 3뱅크를 생각하는 사람도 있을 것이고 노란 공의 왼쪽을 맞혀서 뒤 돌리기를 생각하는 사람도 있을 것이다. 3뱅크로 시도하는 것은 무모하지만 노란 공의 왼쪽을 공략하는 방법은 시도해 볼 만한 선택이라고 할 수 있다. 하지만 득점을 한다면 목적구 두 개가 모두 당구대의 오른쪽으로 몰리게 되므로 다음 공격이 어려운 배치를 만들 수 있다.

해법 11

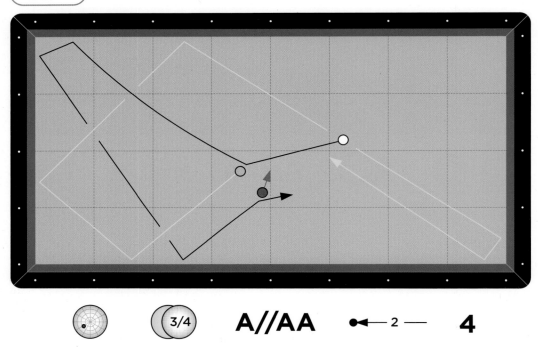

위의 해법 11과 같이 노란 공을 제1목적구로 하여 끌어서 뒤 돌리기를 시도해 보자. 제1목적구를 크게 돌려서 당구대의 중앙에 도착하도록 할 수 있다. 내 공을 끌어서 공략하는 방법은 많은 연습이 필요하다. 하지만 언제까지 연습은 하지 않고 어렵다고만 할 것인가?

실제로 선수들은 위와 같은 선택을 고민 없이 선택하고 득점을 한다. 독자들도 "저 사람 잘 친다."라고 탄성만 지를 것이 아니라 연습을 통하여 실전에서 성공시키고 박수를 받길 바란다.

내 공이 가운데에 위치하고 대각선으로 일자가 될 것 같다면 제2목적구를 코너에서 나오게 하라.

제2목적구가 코너 부근에 위치해 있는 경우, 조금만 끌어서 시도한다면 어렵지 않게 득점을 할 수 있을 것이다. 하지만 연속 득점을 하기 위해서는 제1목적구를 상단의 장 쿠션 직사각형 구역(a)이나 코너(b)에 도착시키지 않으면 어려운 형태의 난구를 만들게 될 것이다.

문제 12

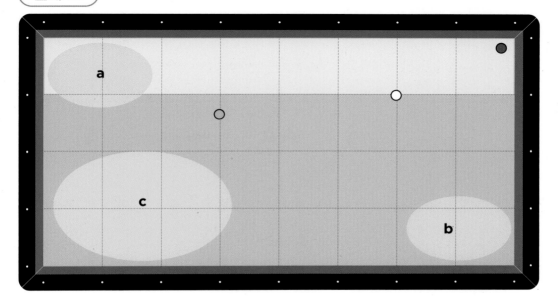

뒤 돌리기를 시도하여 득점하기가 어렵지는 않다. 누구나 "찬스(Chance)!"라고 외칠 만한 배치이지만 득점 후에 제1목적구가 상단의 직사각형이나 a 구역 또는 b 구역에 도착하지 않으면 매우 난처한 상황에 놓일 것이다. 실제로 시도해 보면 두께를 두껍게 결정하여 시도해야 하므로 제1목적구는 상단의 직사각형이나 a 구역에 멈추지 않고 c 구역으로 진행하게 된다.

해법을 보면서 설명을 이어가겠다.

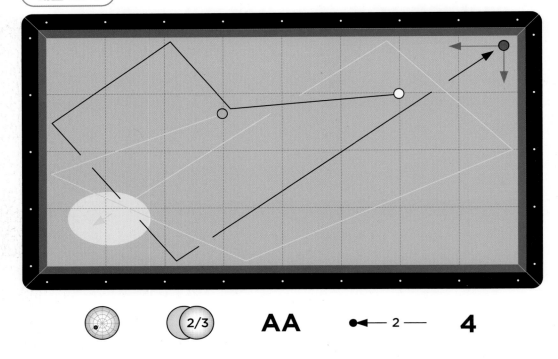

제2목적구가 코너에서 빠져나와서 당구대의 중앙 쪽이나 장 쿠션 또는 단 쿠션을 따라서 진행한다면 제1목적구가 c 구역에 도착하여도 연속 득점을 하기가 훨씬 수월해진다.

이렇게 제2목적구를 코너에서 나오게 하기 위해서는 내 공이 약간은 빠르게 진행하도록 시도하는 것이 좋다. 하지만 내 공이 빠르게 잘 도착해도 키스가 나면서 제2목적구가 코너에서 빠져나오지 않는 경우도 있다. 그래서 선수들은 해법 12-2와 같이 제1목적구가 c 구역을 지나서 다시 제2목적구로 진행하도록 하는 방법을 선호한다.

매우 두꺼운 두께를 결정하여 조금 더 빠른 스트로크로 시도하여 제1목적구가 c 구역에 멈추지 않고, 돌아 나와서 제2목적구 방향으로 진행하도록 한다면 제2목적구가 코너에서 빠져나오지 않더라도 쉬운 배치를 만들 수 있다.

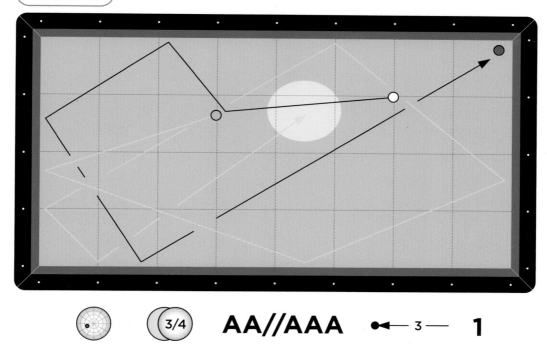

3/4 AA//AAA ← 3 — 1

지금까지 연속 득점을 위한 네 가지 방법을 소개하였다. 이외에 몇 가지 방법들이 더 있으나 필자가 소개한 방법에서 크게 벗어나지 않으므로 나머지 유형은 소개하지 않겠다.

계산법의 틀에 얽매여 있으면 포지션 플레이를 할 수 없다. 회전을 먼저 결정하고 그 회전에 따른 두께를 나중에 결정한다면 제1목적구의 경로를 바꿀 수 없기 때문이다. 또한, 계산법에 빠진 사람은 두 번째 쿠션의 도착 지점을 알지 못한다. 첫 번째 쿠션의 위치와 세 번째, 네 번째 쿠션의 위치만을 생각하기 때문에 포지션 플레이는 물론이고 득점마저도 어려워지는 경우가 많다.

첫 번째 쿠션에 잘 도착시켰다고 해도 회전의 양이나 타법, 속도에 따라서 두 번째 쿠션의 위치는 엄청나게 달라지기 때문에 회전에 따른 두 번째 쿠션의 도착 위치를 예상할 수 있도록 반복훈련을 해야 한다.

계산법을 배웠다면 3~4초 안에 내 공의 진행 경로를 그릴 수 있을 정도로 외워야 한다. 그리고 그 경로를 토대로 회전의 양에 따라 변형된 경로를 그릴 수 있어야만 포지션 플레이를 할 수 있다. 독자들은 얼마나 빨리 계산을 할 수 있는가? 실전에서 도착

지점과 내 공 포인트를 찾느라 얼마나 시간을 낭비하는가? 당구는 계산을 잘하는 사람이 잘 치는 스포츠가 아니다. 수많은 경험을 통하여 몸으로 외운 것이 많은 사람이 잘 칠 수 있는 스포츠다.

독자들이 당구가 늘지 않는 가장 큰 이유는 생각을 바꾸지 못하기 때문이다. 연습을 하지 않아도 조금만 치면 금방 실력이 늘 것이라는 생각, 4구의 기초 실력이 없어도 3구에 매진하면 발전할 수 있다는 생각, 두께를 잘 맞춰야 한다는 생각보다 타법을 더 중요시하는 생각, 계산법을 많이 알면 잘 칠 수 있을 것이라는 생각들 때문에 발전이 아니라 퇴보하는 것이다.

당구는 계산이 중요한 것이 아니라 느낌이 중요하다는 것을 깨우쳐야 한다. 계산을 잘해도 제1목적구를 맞히고 원하는 첫 번째 쿠션에 도착을 시키지 못한다면 계산법을 공부한 의미가 없다. 목적구를 맞히고 내 공을 어떨 때는 빠르게, 어떨 때는 느리게 진행시키면서 상하좌우 회전을 선택해서 결정한 첫 번째 쿠션에 도착시켜야 한다. 심지어는 충격을 주는 타법이나 부드럽게 내 공을 굴리는 타법을 구사하기도 해야 하는데 수많은 연습에 의한 감각을 무시하고 계산법에만 의지하는 것은 실력 향상을 막고 있는 중요한 요인이 된다.

4구 경기의 실력을 쌓는 것은 매우 중요하다. 내 공의 이동 거리는 3구 경기보다 훨씬 짧지만 당구의 기초원리나 당점의 구사능력, 두께의 변화에 따른 당점 선택 등을 모두 경험하고 배울 수 있기 때문이다.

3쿠션 경기보다 재미없고 치기 싫겠지만 4구 경기를 많이 하고, 4구 경기의 수지를 높이라고 필자는 강조한다. 4구 경기의 실력이 향상될수록 제1목적구와 내 공을 동시에 관찰할 수 있는 능력이 생기게 된다. 제1목적구의 움직임을 예상할 수 있어야 하고 폭넓은 시야가 생겨야만 3쿠션 경기를 할 때 키스를 피할 수도 있고, 포지션 플레이도 할 수 있다.

4구 경기의 실력이 수지 300점 정도가 되어야 비로소 3쿠션 경기에 입문할 기초가 만들어졌다고 생각해야 할 것이다.

6 ∶ 뒤 돌리기의 다양한 포지션 플레이

뒤 돌리기의 다양한 포지션 플레이를 소개한다.

포지션 플레이에서 중요한 것은 득점이 우선이라는 것이다. 득점 자체가 어려운데 포지션을 고민한다는 것은 멍청한 생각이다. 물론 득점을 하면서 포지션 플레이를 할 수 있는 배치인데 연습이 부족해서 구사하지 못한다면 많은 연습으로 실전에서 구사할 수 있어야 한다. 하지만 성공률이 50%도 안 되는 배치를 쥐어짜면서 포지션 플레이를 하려 한다면 포지션은 물론이고 득점을 할 수도 없게 된다.

다시 말하지만 득점할 수 있는 경로는 다양하다. 폭넓은 생각을 하고 고수들의 경기를 눈여겨보면서 자신과 얼마나 다르게 구사하는지를 비교 분석하여 실력을 발전시킬 수 있도록 하자.

여기서 소개하는 포지션 플레이는 실전에서 선수들이 구사하는 해법을 위주로 소개하는 것이므로 반드시 숙지하고 수많은 반복연습으로 자신의 것으로 만들기를 바란다.

포지션 플레이에서 중요한 것은
득점이 우선이라는 것이다.
참고 동영상을 참고하세요.(1~18)

뒤 돌리기1   뒤 돌리기18

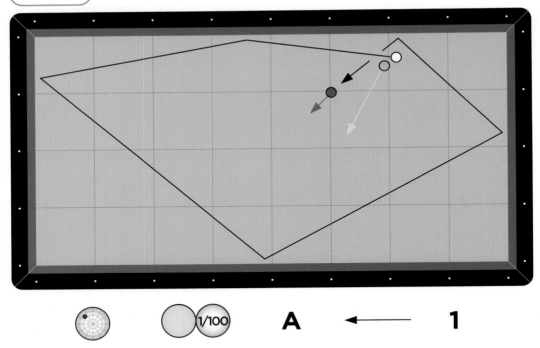

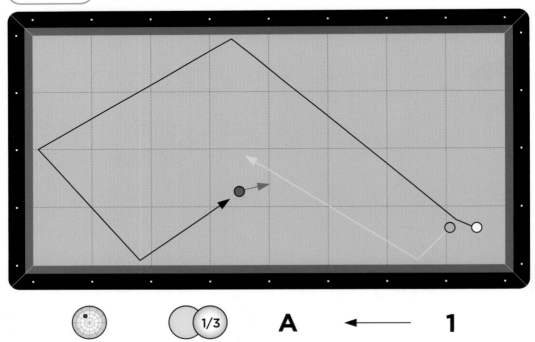

148

Case 3

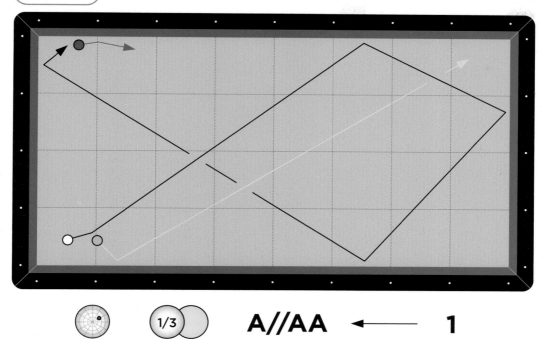

A//AA ← 1

Case 4

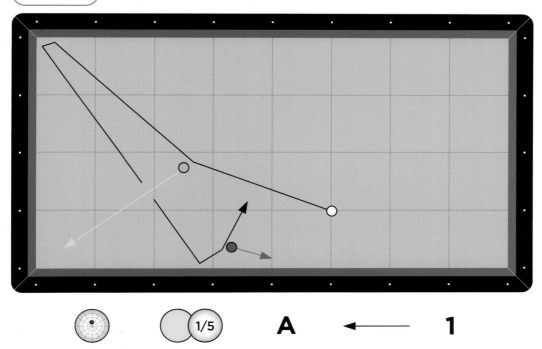

A ← 1

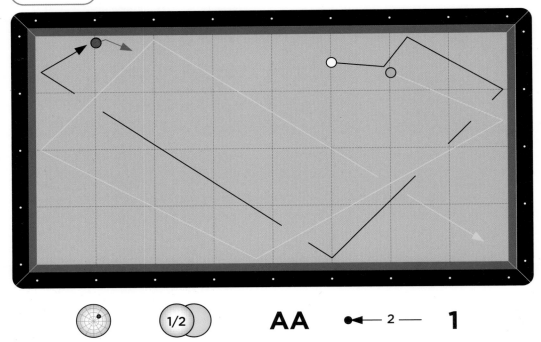

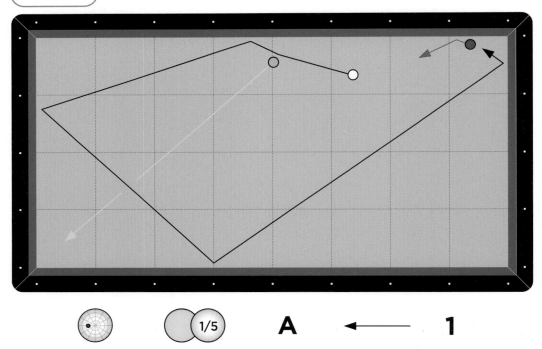

150

Case 7

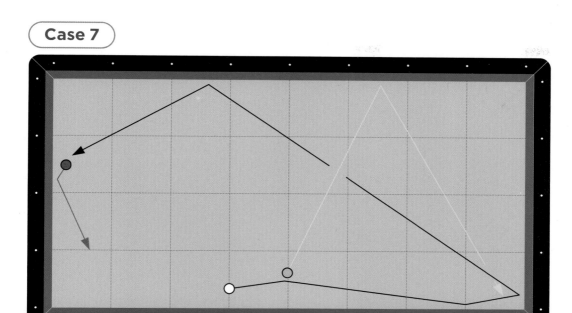

A ← 1

Case 8

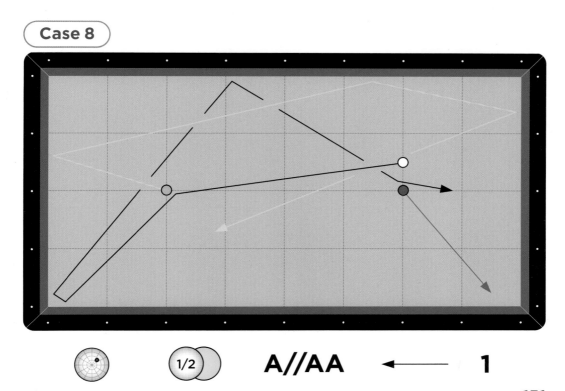

A//AA ← 1

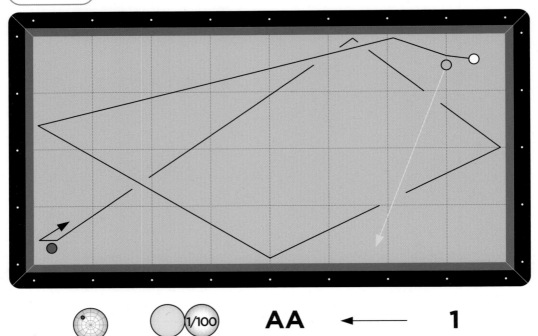

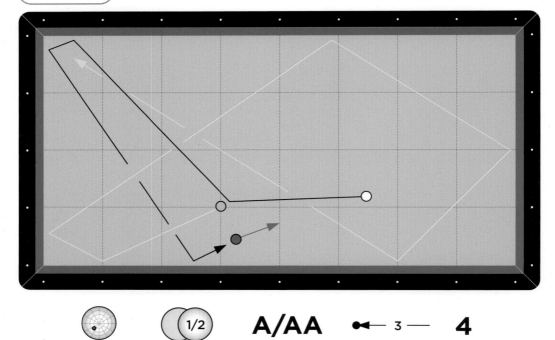

152

Case 11

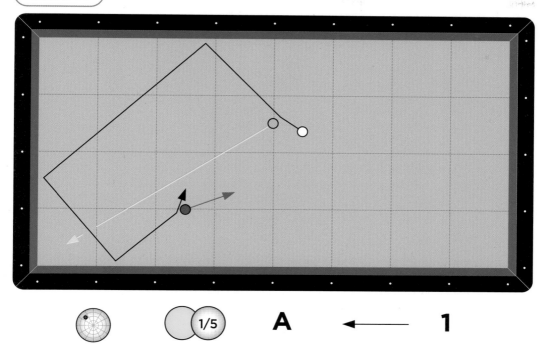

  A ← **1**

Case 12

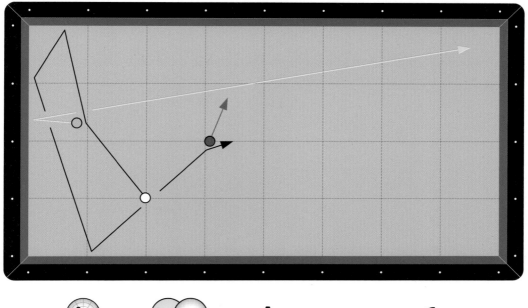

  A ●←1— **1**

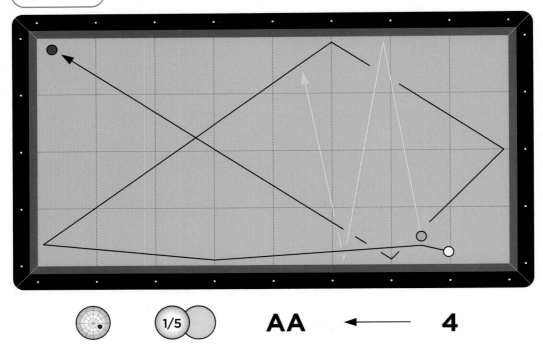

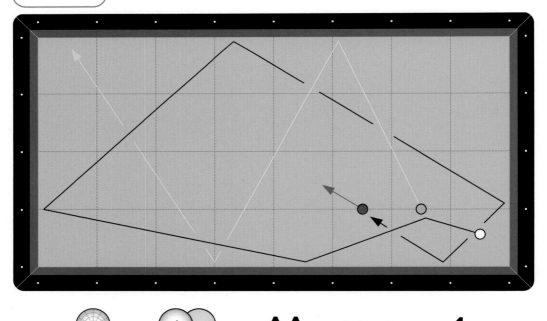

Case 15

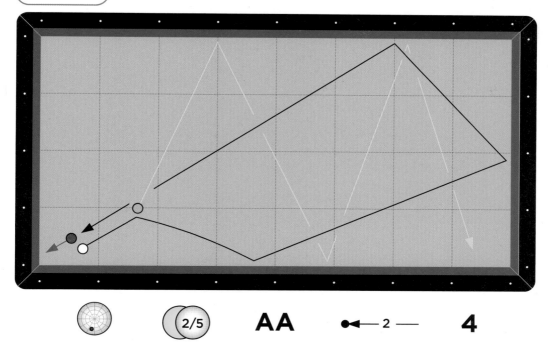

 2/5 **AA** ●◀— 2 — **4**

Case 16

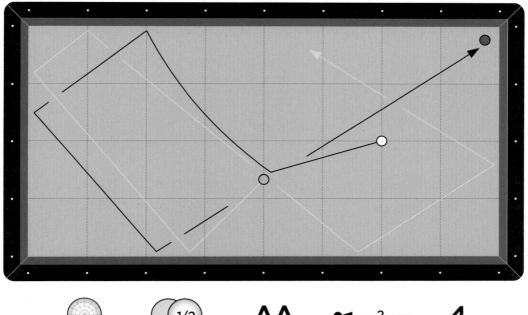

 1/2 **AA** ●◀— 2 — **4**

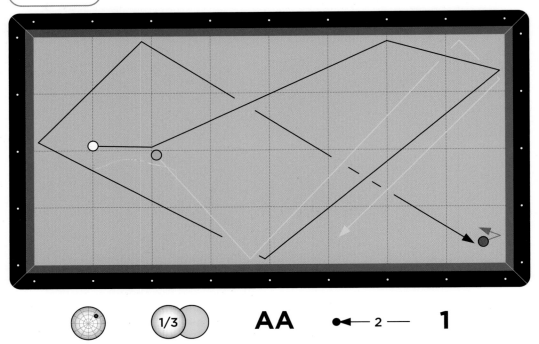

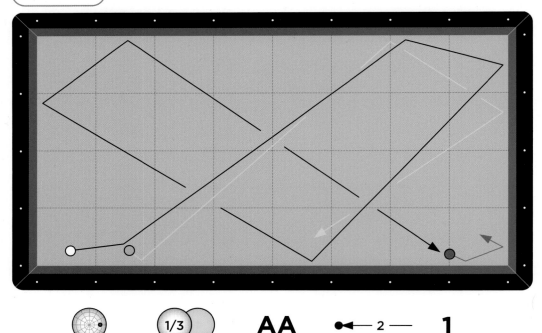

Case 19

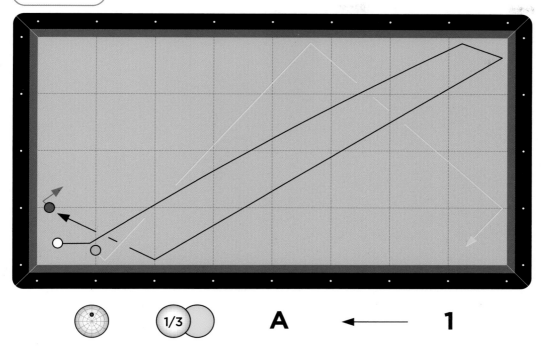

A ← 1

 1/3

Case 20

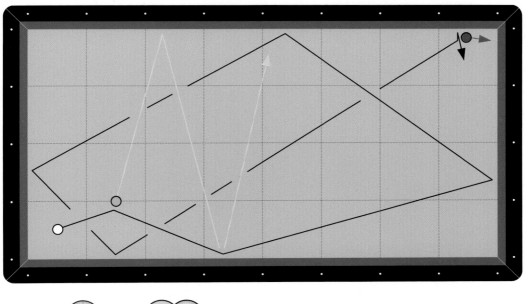

AA ← 2 — 4

 1/4

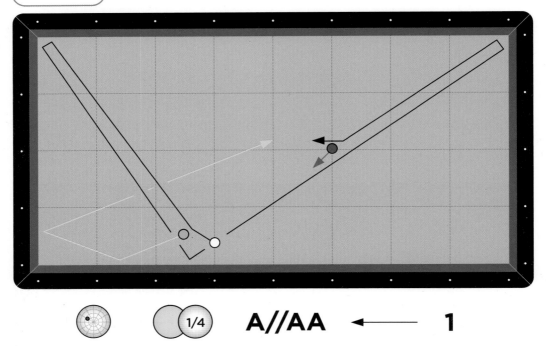

A//AA ← 1

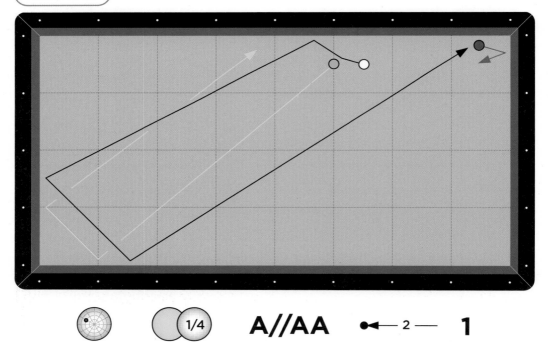

A//AA ← 2 — 1

Case 23

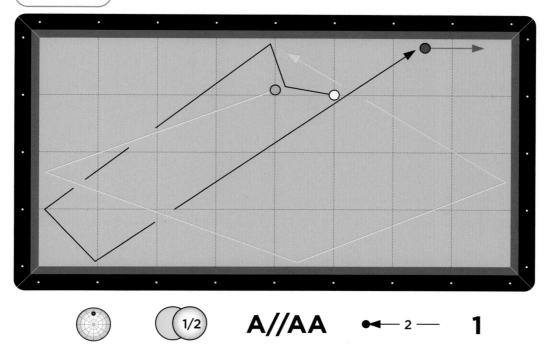

  A//AA **1**

Case 24

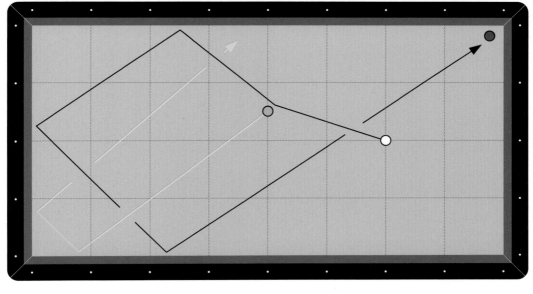

  A//AA **1**

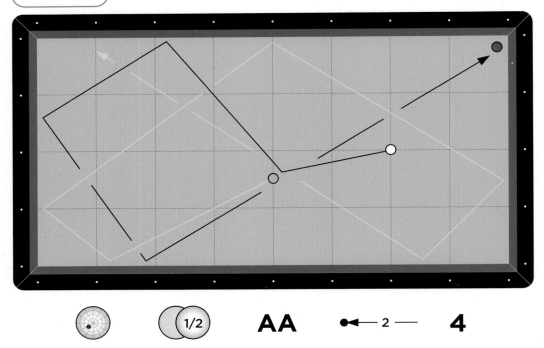

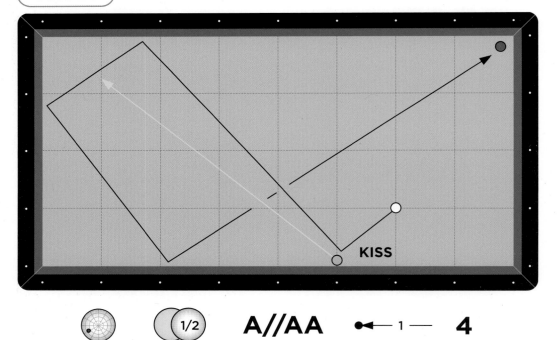

160

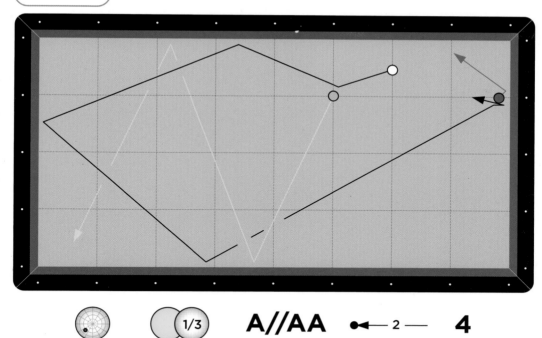

Case 27

A//AA ●←— 2 — 4

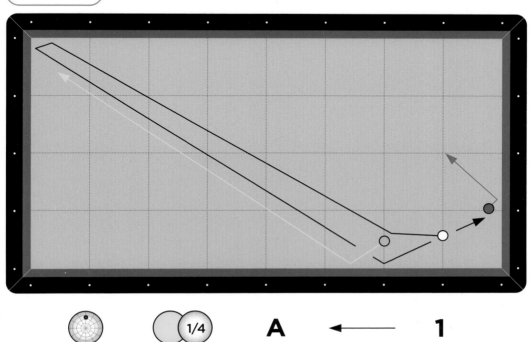

Case 28

A ←———— 1

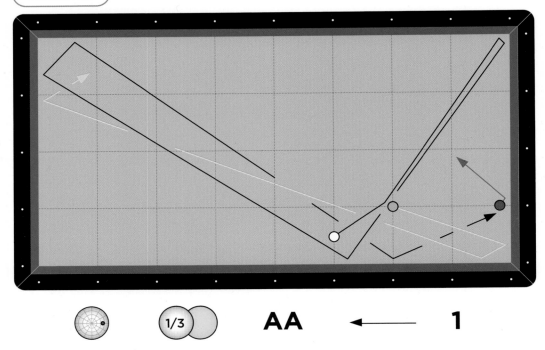

AA ← 1

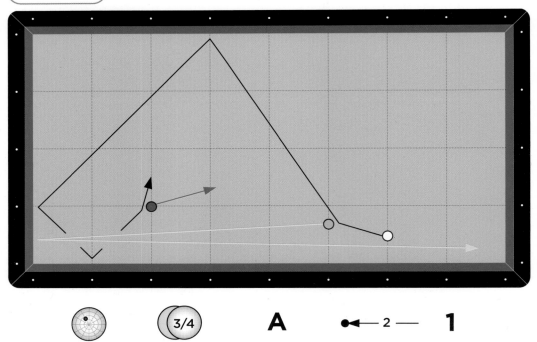

A ●← 2 — 1

Case 31

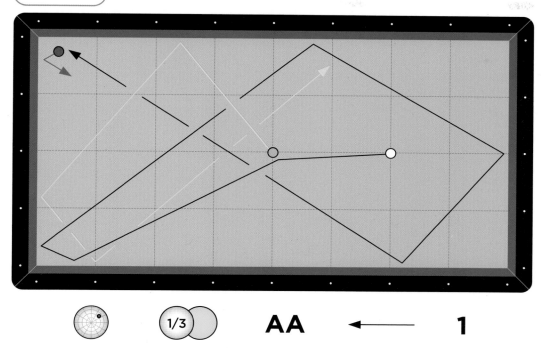

 1/3 **AA** ← 1

Case 32

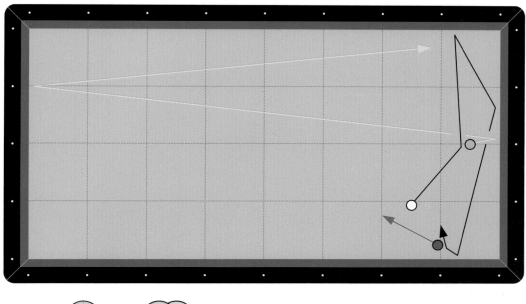

 1/2 **A//AA** ●←2— **4**

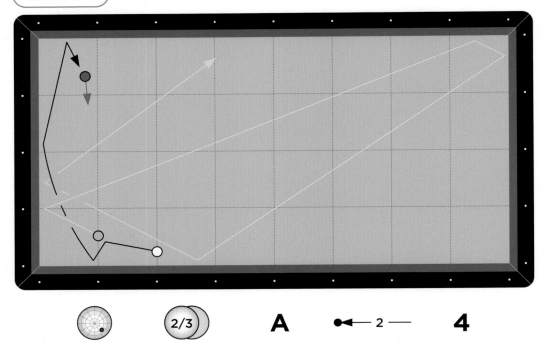

A ⬤←— 2 — **4**

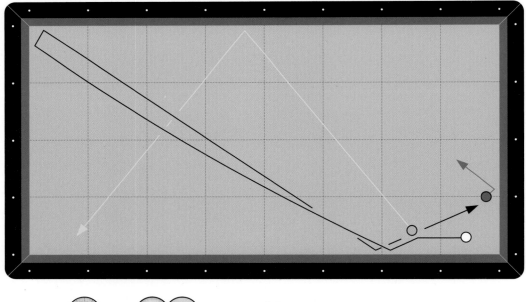

A//AA ⬤←— 2 — **4**

Case 35

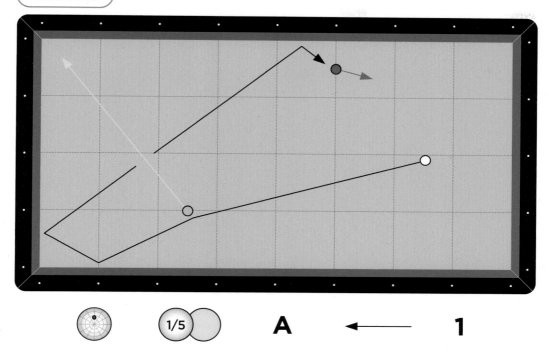

 1/5 **A** ← **1**

Case 36

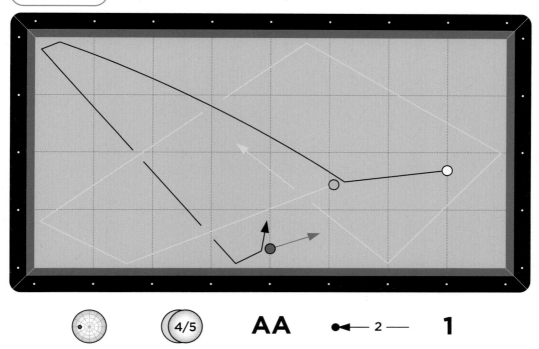

4/5 **AA** ● ← 2 — **1**

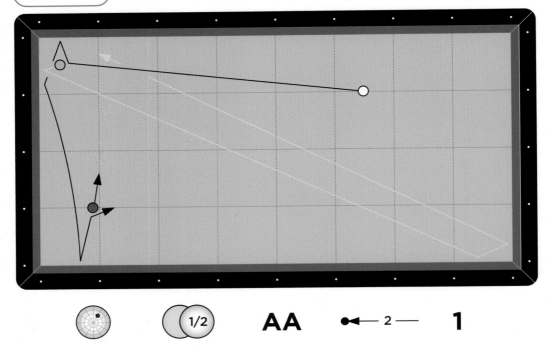

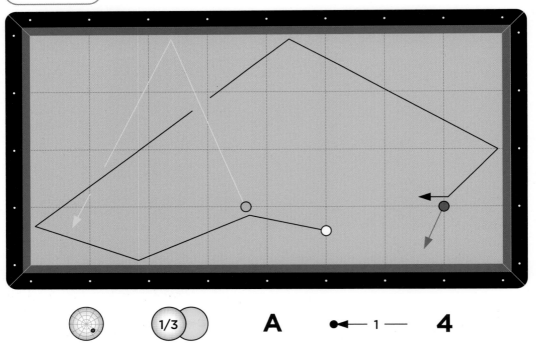

Case 39

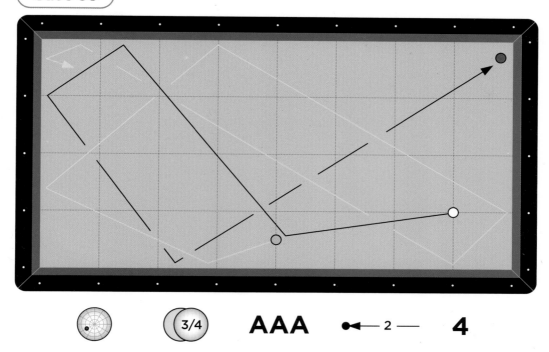

3/4   **AAA**   ● ← 2 —   **4**

Case 40

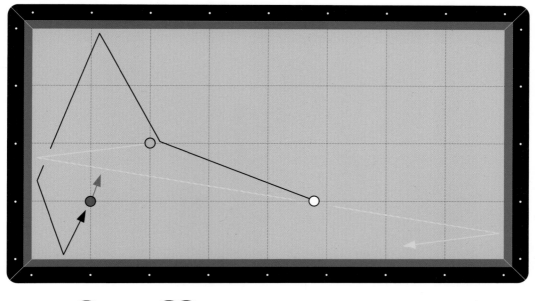

1/2   **A//AA**   ←   **1**

167

PART

II

옆 돌리기

1 : 옆 돌리기란?

옆 돌리기1

옆 돌리기의 경로

뒤 돌리기와 마찬가지로 장 쿠션-단 쿠션-장 쿠션으로 진행하는 경로이나 뒤 돌리기는 제1목적구의 맞히는 부위가 1번째 쿠션 쪽이지만 옆 돌리기는 2번째 쿠션 쪽이라는 것이 다르다. 두께를 매우 섬세하게 맞힐 수 있는 연습이 필요하며 내 공의 진행 경로가 속도에 따라 매우 달라지므로 많은 연습이 필요하다. 뒤 돌리기와 마찬가지로 포지션 플레이가 가능하므로 다득점을 노릴 수 있는 경로이다.

옆 돌리기 공략법

두께를 얼마나 결정할 것인가? 내 공의 회전을 얼마나 부여할 것인가? 등에 대한 결정은 1. 제2목적구의 위치 2. 키스 피하기 3. 포지션 플레이에 따라서 달라진다.

Basic 1

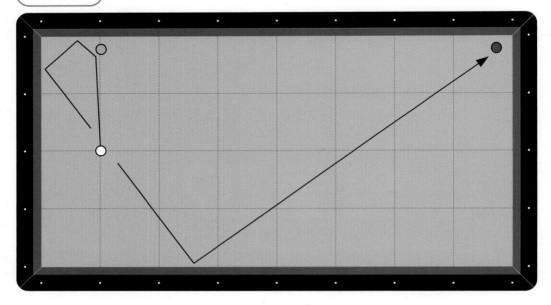

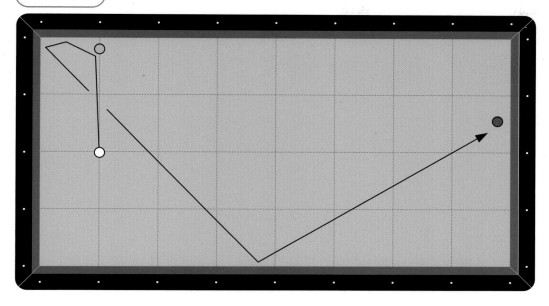

첫 번째, 제2목적구의 위치에 따라 두께와 당점의 변화를 주어야 한다. 가장 기초적인 배치의 도면으로 설명을 하겠다.

Basic 1과 Basic 2는 내 공과 제1목적구의 위치는 같지만 제2목적구의 위치가 다르므로 해법이 다를 수밖에 없다는 것을 충분히 이해할 것이다. 두께와 당점 뿐만이 아니다 속도와 타법이 조화를 이루어야 좋은 결과를 얻을 수 있을 것이다.

그림만 보고 답을 결정하지 말고, 실제로 당구대에서 똑같이 놓고 성공할 수 있는 두께, 당점, 속도 그리고 타법의 조합을 찾아보자.

실력에 따라서 찾아낸 해법이 다를 것이다. 성공률이 좋은 답을 찾았다면 이왕이면 연속 득점을 하기 쉽도록 포지션을 할 수 있는 해법을 찾아보자.

선수들이 경기할 때 득점만 하면 자동으로 다음 배치가 쉽게 만들어지는 것이 아니다. 연속 득점을 하기 위한 조합을 알고 있는 것이다.

해법 1-1

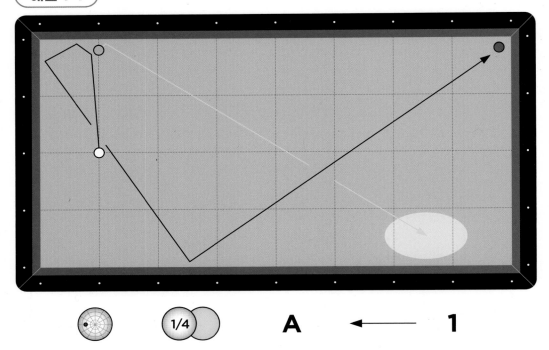

 1/4   **A** ← **1**

해법 1-2

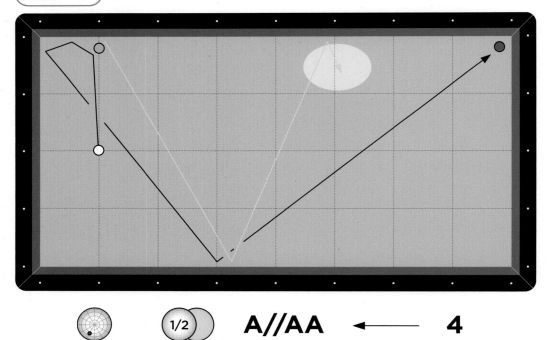

1/2   **A//AA** ← **4**

172

해법 2-1

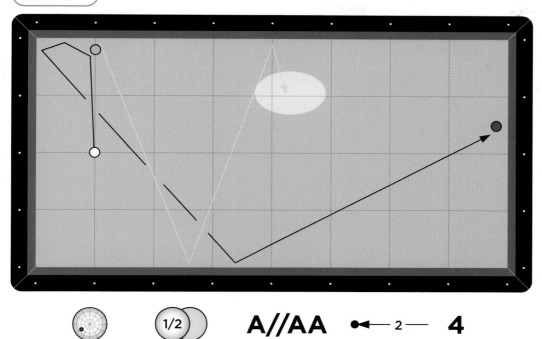

A//AA ●←—2— 4

해법 2-2

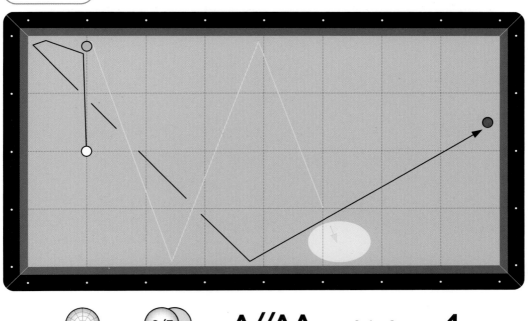

  A//AA ●←—2— 4

필자가 적어 놓은 답을 보면 두께나 당점뿐만이 아니라 타법과 속도가 방법마다 다르다는 것을 알 수 있을 것이다.

배치에 따라서 두께, 당점에 알맞은 속도를 조절할 수 있어야 한다. 당구가 어려운 이유는 크게 2가지로 말 할 수 있다. 하나는 두께를 내가 원하는 데로 맞히기가 어렵다는 것이다. 무회전이면 그리 어렵지 않으나 좌, 우의 회전을 결정해서 원하는 두께를 정확하게 맞힌다는 것은 엄청나게 힘든 일이다. 또 다른 하나는 '속도' 때문이다. 두께와 당점이 잘 맞았다고 하더라도 속도가 맞지 않으면 결정한 회전이나 두께에 따른 분리각이 예상과 전혀 다르게 나타난다.

많은 사람이 계산법으로 당구에 접근하지만, 계산으로 안 되는 것이 두께와 속도이기 때문에 엄청난 연습이 필요하다. 이닝마다 두께를 원하는 만큼 정확하게 맞힐 수 있는 능력이나 속도제어 능력은 머리로 공부를 한다고 해서 키울 수 있는 것이 아니다.

많은 실패와 반복으로 손과 팔, 몸이
기억할 수 있도록 연습을 해야만 하는 것이다.

2 : 옆 돌리기의 다양한 배치

여러 가지의 다양한 배치를 도면으로 소개한다. 독자들은 반드시 직접 구사해 보고 답을 찾아야 한다. 문제에 대한 답은 키스 피하기, 난구풀이와 연속 득점 편에서 소개하겠다. 자신이 찾아낸 답과 비교해 보고 어떤 방법이 더 바람직한지 판단하길 바란다.

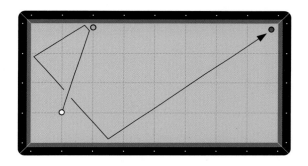

두께 :
당점 :
타법 :
속도 :
큐 기울기 :

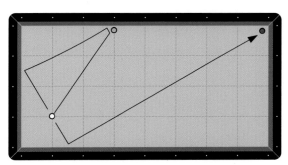

두께 :
당점 :
타법 :
속도 :
큐 기울기 :

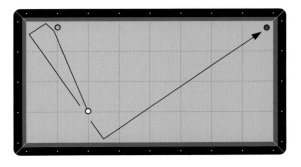

두께 :
당점 :
타법 :
속도 :
큐 기울기 :

175

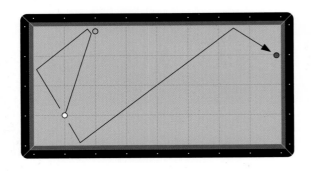

두께 :

당점 :

타법 :

속도 :

큐 기울기 :

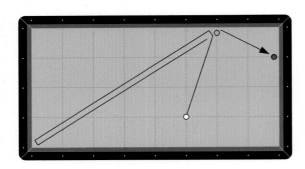

두께 :

당점 :

타법 :

속도 :

큐 기울기 :

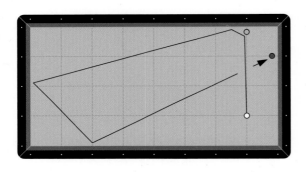

두께 :

당점 :

타법 :

속도 :

큐 기울기 :

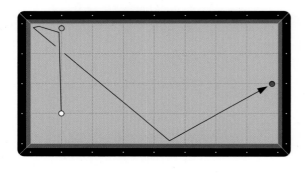

두께 :

당점 :

타법 :

속도 :

큐 기울기 :

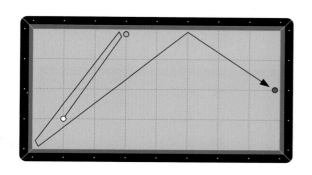

두께 :

당점 :

타법 :

속도 :

큐 기울기 :

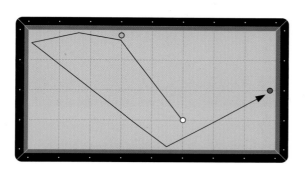

두께 :

당점 :

타법 :

속도 :

큐 기울기 :

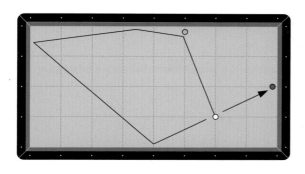

두께 :

당점 :

타법 :

속도 :

큐 기울기 :

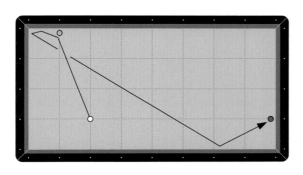

두께 :

당점 :

타법 :

속도 :

큐 기울기 :

177

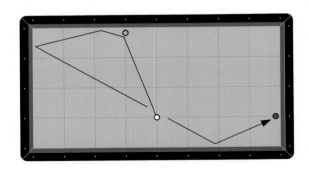

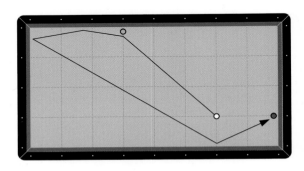

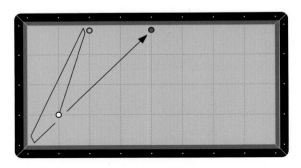

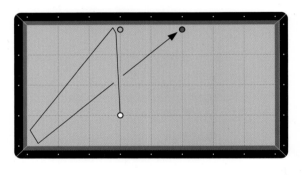

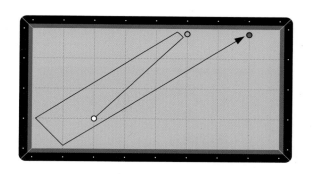

두께 :
당점 :
타법 :
속도 :
큐 기울기 :

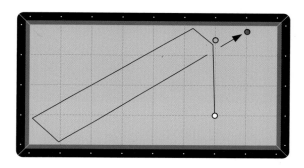

두께 :
당점 :
타법 :
속도 :
큐 기울기 :

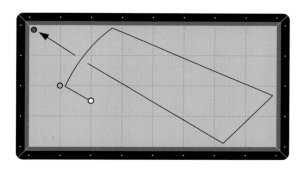

두께 :
당점 :
타법 :
속도 :
큐 기울기 :

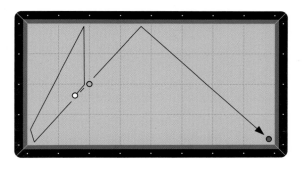

두께 :
당점 :
타법 :
속도 :
큐 기울기 :

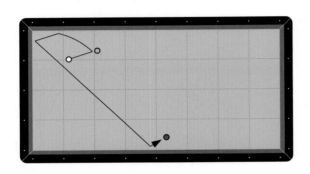

두께 :
당점 :
타법 :
속도 :
큐 기울기 :

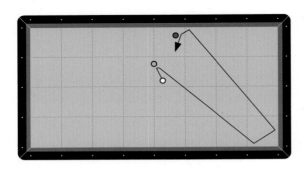

두께 :
당점 :
타법 :
속도 :
큐 기울기 :

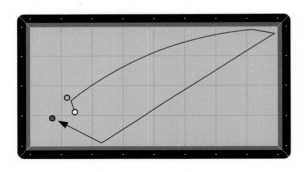

두께 :
당점 :
타법 :
속도 :
큐 기울기 :

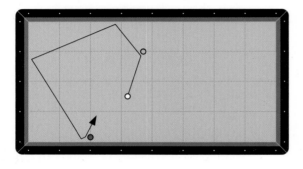

두께 :
당점 :
타법 :
속도 :
큐 기울기 :

3 : 키스 피하기

두 번째, 키스(Kiss)를 피하기 위해서 두께와 당점의 변화를 주어야 한다는 것을 말로는 이해할 수는 있겠지만 어떻게 얼마나 바꾸어야 하는지는 의문일 것이다. 먼저 키스가 발생하는 배치를 알아보고 해결 방법을 설명하면서 이해를 돕겠다.

키스 배치도 1

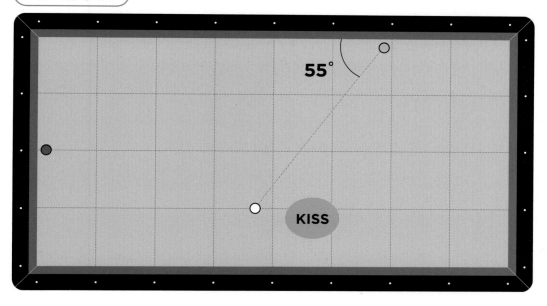

제2목적구가 단 쿠션의 중앙에 위치해 있고 옆 돌리기를 길게 시도하여 득점하려고 한다. 이때 내 공과 제1목적구를 연결한 직선의 각도 55도 정도 된다면 키스가 발생할 확률이 높다. 내 공과 제1목적구의 놓인 각도가 55도 정도라고 하여도 특정한 배치에서만 키스가 발생하므로 키스가 발생하는 위치를 반드시 기억하고 있어야 한다. 위의 배치에서 옆 돌리기를 시도한다면 3번째 쿠션 부근에서 내 공과 제1목적구와 만나는 키스를 경험하게 될 것이다.

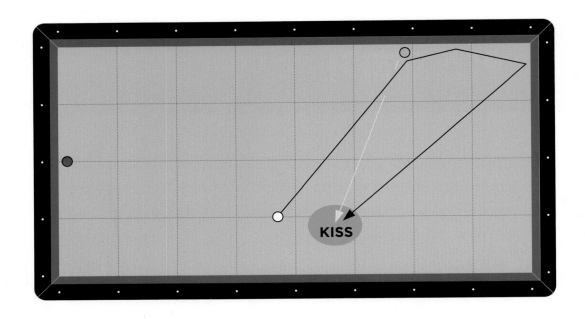

당구대의 천을 새로 교체하여 기름기가 많은 상태일 경우에는 얇은 두께를 결정하고 최대 회전으로 조금만 빠르게 시도하여도 키스를 피할 수 있으나 R-C System이 들어 맞는 보편적인 당구대에서는 키스의 확률이 매우 높다. 키스를 피하기 위하여 두께만 바꿔서는 키스를 피해도 득점이 어려운 문제가 생긴다.

키스 피하기 1

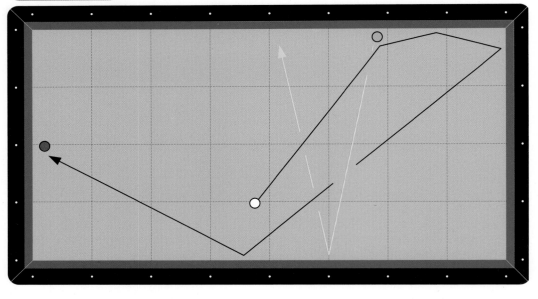

2/5   **A//AA** ← **4**

어렵다고 느낄 수 있는 해법일 것이다. 하단 당점으로 2/5의 두께를 맞히면 옆으로 끌려서 매우 길어질 것으로 생각한다. 하지만 큐를 부드럽게 밀어준다면 내 공이 목적구를 맞고 끌리는 것이 아니라 쿠션에서 끌리는 효과를 낼 수 있으므로 제2목적구를 맞힐 수 있는 각도를 형성할 수 있다. 흔히 말하는 '히다(ひだ)'라는 효과를 이용하는 것이다.

키스 배치도 2

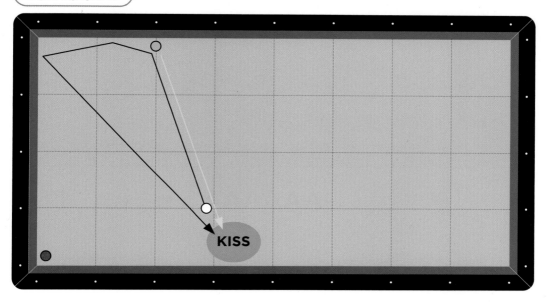

제2목적구가 코너에 위치해 있고 옆 돌리기 대회전을 시도하려고 한다. 내 공이 2번째 쿠션을 맞고 3번째 쿠션으로 진행할 때 제1목적구와 만나는 키스를 피하기가 어렵다. 하수들은 키스가 발생하면 운이 없다고 생각하지만, 어느 정도 아는 사람들은 반드시 해결 방법을 고민해야만 한다.

대회전이라고 하여 무조건 세게 쳐야 한다는 생각으로 속도를 결정하고 답을 찾으려 한다면 해결 방법을 찾기가 어렵다.

키스를 피하고 득점을 할 수 있는 방법은 몇 가지 있으나 포지션 플레이를 할 수 있는 해법을 찾아보자.

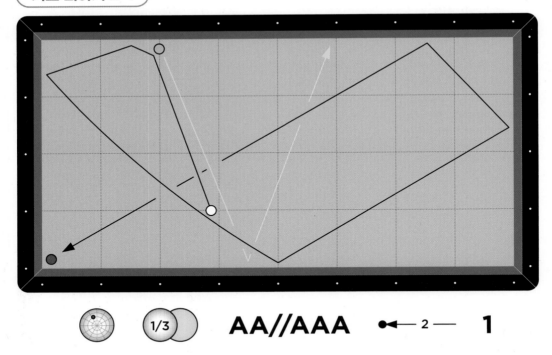

AA//AAA

먼저 내 공과 제1목적구의 진행 속도를 바꾸기 위해 두께를 얇거나 두껍게 결정해야 할 것이다. 두께를 1/3 정도로 얇게 결정하면 내 공의 진행 각도가 짧아지므로 길게 만들기 위해서 상단 당점을 선택하면 어려움 없이 득점할 수 있을 것이다. 하지만 제 1목적구가 당구대 상단의 장 쿠션에 도착하면서 제2목적구가 코너에서 빠져나오지 않는다면 다음 공격이 매우 어려운 상황이 만들어진다.

익숙하지 않더라도 득점을 하면서 포지션 플레이를 할 수 있는 해답을 익히고 외우는 것이 실력 향상에 도움이 될 것이다.

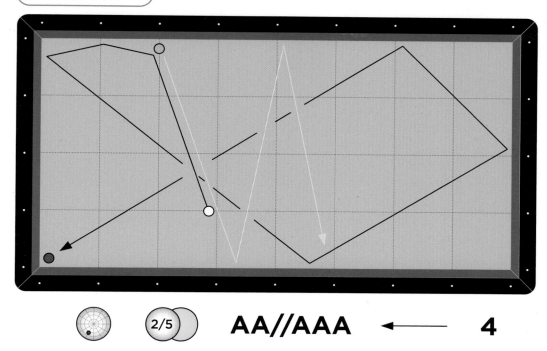

2/5　　AA//AAA　←　　4

하단의 당점을 결정하고 2/5의 두께로 시도해 보자. 이때 타법이 매우 중요하다. 짧게 때리는 타법으로 시도한다면 키스가 발생할 것이다. 하지만 길게 미는 스트로크(Long Follow Stroke)로 시도하면 제1목적구와 내 공의 진행 시간차가 확연해지면서 키스를 피할 수 있을 것이다.

두께를 1/3보다는 두껍게 선택하였으므로 목적구의 이동 거리는 조금 더 길어지면서 당구대의 하단 장 쿠션에 도착하므로, 득점이 되면 연속 득점을 하기 쉬운 배치를 만들 수 있다.

대회전이라고 해서 세게 치는 타법도 필요하지만 빠르게 미는 타법을 우선으로 익혀야 한다.

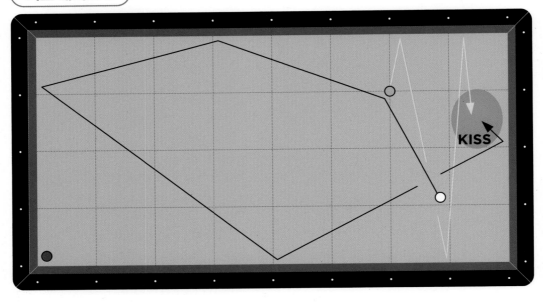

제2목적구가 코너에 위치해 있고 옆 돌리기 대회전이 쉬워 보이는 배치이지만 제1목적구가 장-장 쿠션으로 횡단하면서 내 공과 키스가 발생하는 옆 돌리기 대회전 키스의 대표적인 예라고 할 수 있다. 계산법으로 무리한 두께를 선택하지 않고 자연스러운 분리각을 만들어서 충분히 공격을 시도할 수 있으나 그러면 키스를 피할 수 없다. 2/5의 두께로 시도하면 제1목적구의 진행 속도가 느려져서 키스를 피하기 어려우므로 1/2의 두께로 시도하도록 한다.

1/2보다 두꺼운 두께를 선택하여도 키스를 피할 수 있으나 제1목적구가 너무 많이 이동하여 당구대의 상단 장 쿠션에 도착하게 되므로 매우 어려운 상황을 만들 수 있다.

물론 더 얇은 1/3의 두께를 선택하고 하단 당점으로 시도를 할 수도 있으나 결국에는 5번째 쿠션 후에 키스를 만나게 된다.

쉬워 보이는 배치를 쉽게 생각하면 안 된다. 함정이 숨어 있을 수도 있고, 득점은 쉬우나 다음 배치가 어렵게 만들어질 수 있기 때문이다. 연습만이 이런 악순환을 해결할 수 있다.

키스 피하기 3

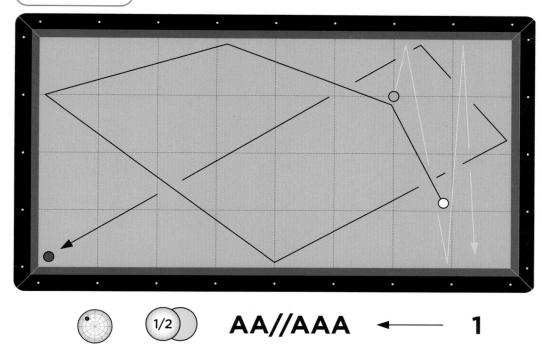

AA//AAA ← 1

키스 배치도 4

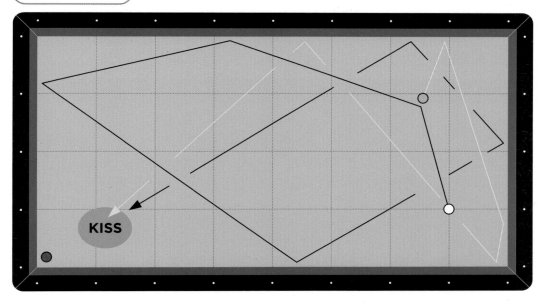

KISS

키스 배치도 3과 유사한 배치이지만, 편안한 두께를 선택하면 제1목적구가 장-단-장-장 쿠션으로 진행하여 제2목적구 앞에서 키스가 발생하는 배치이다.

키스 피하기 4

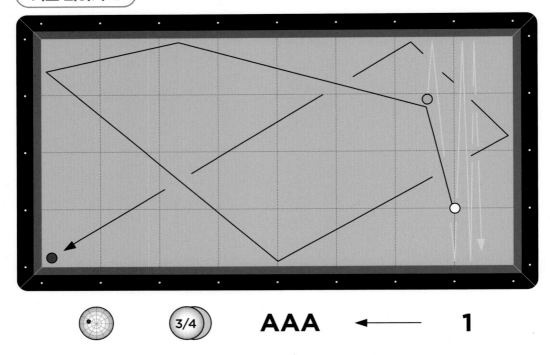

제1목적구를 장-장-장 쿠션으로 진행하도록 최대의 두께로 최대한 빠른 스트로크를 하여야만 득점과 포지션을 할 수 있다.

키스 배치도 5

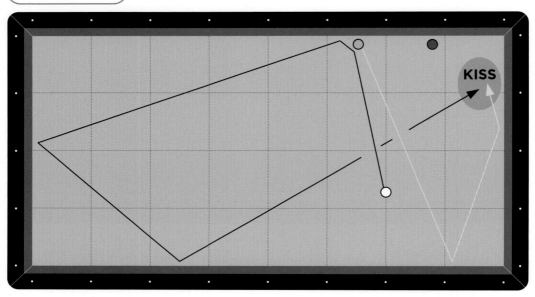

이런 배치는 아마추어나 선수들이나 자주 키스를 만드는 배치이다. 4쿠션이나 5쿠션으로 시도하는 것이 성공률을 높일 수 있기 때문이다. 하지만 제1목적구가 더블 쿠션으로 진행하면서 내 공이 4번째 쿠션에 도착할 때 키스가 발생하기 때문에 결코 좋은 선택이라고 할 수 없다.

같은 경로로 시도하려면 두께를 훨씬 두껍게 선택하고 좌회전 양을 줄여서 시도하면 되겠지만, 그보다는 직접 3쿠션으로 공략을 하는 것이 키스에 대한 걱정 없이 득점하는 방법이다.

이런 경험을 많이 했을 것이다. 결코 운이 없어서 키스가 발생한 것이 아니다. 제1목적구의 경로를 예상했다면 이런 선택을 하지 않을 것이다. 제1목적구의 경로를 예상하지 못하는 것도 실력이다.

키스 피하기 5

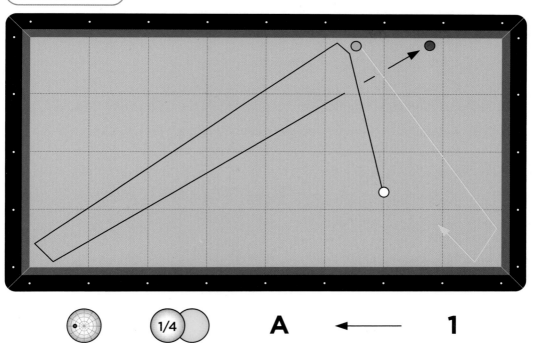

189

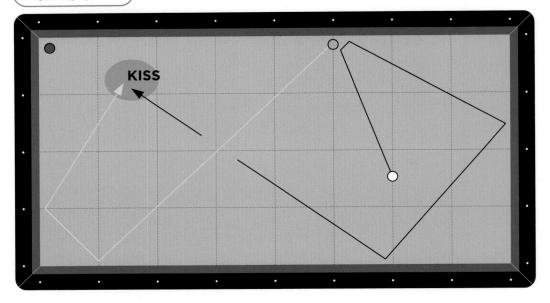

키스 배치도 6

끌어서 득점하기도 쉽지 않은 배치이지만 잘 쳤다고 생각하는 순간에 거의 다 와서 예상하지 못한 키스를 만나는 황당함을 경험해 보았을 것이다.

키스 배치도 5와 마찬가지로 제1목적구가 더블 쿠션으로 진행한다는 것을 예상할 수 있어야 한다.

키스는 나중 문제고 우선 득점을 신경 써보자. 공이 놓인 형태를 보면 하단 당점으로 끌어야만 각도를 만들 수 있을 것으로 생각한다. 그림의 배치는 하단 당점으로 성공할 수 있지만 내 공을 5cm 정도 오른쪽으로 옮겨보자.

더 많이 끌어야 한다고 생각하는가?

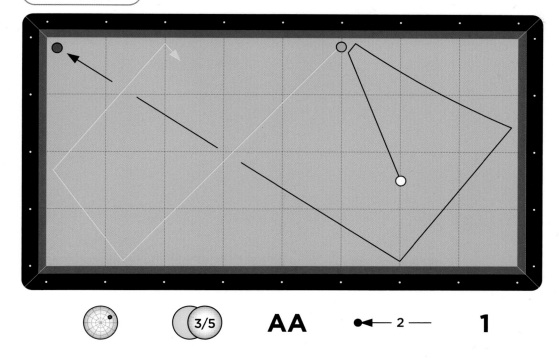

3/5 AA ← 2 — 1

제1목적구가 쿠션에 가까이 붙어 있을 때와 쿠션에서 떨어져 있을 때는 당점의 선택이 중요하다. 쿠션에 붙어 있는 제1목적구를 끌어서 옆 돌리기를 해야 할 경우에는 중단 이나 약한 중상단의 당점을 선택해야 각도를 만들기가 쉬워진다.

만약 쿠션에 붙어 있는 제1목적구를 하단 당점으로 끌려고 한다면 공에서 끌리는 것이 아니라 쿠션에서 끌리는 효과가 나기 때문에 내 공의 진행 각도가 오히려 더욱 짧아지 게 된다.

다음 배치는 3쿠션으로 시도하면 성공률이 떨어질 것 같아서 짧게 4쿠션으로 시도를 하다 보면 제2목적구가 장-단-장 쿠션으로 진행하면서 돌아오는 내 공과 만나는 키스 를 경험하게 될 것이다. 이는 제1목적구와 내 공의 속도 밸런스를 맞추지 못했기 때문 이다.

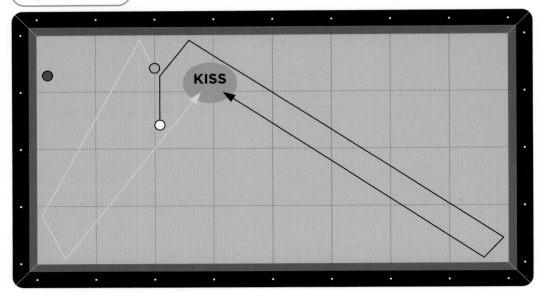

키스 피하기 7

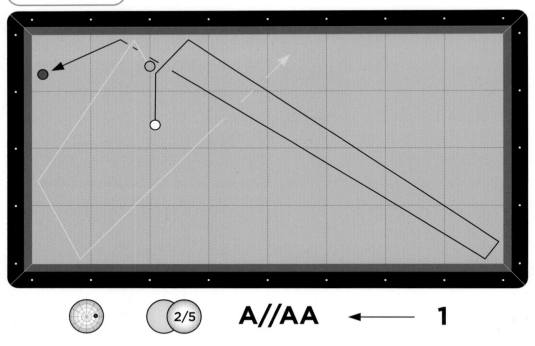

두께와 당점의 조합을 조금만 바꾼다면 키스를 피하면서 아주 좋은 다음 배치를 만들 수 있을 것이다.

4 : 난구

옆 돌리기에서 난구(難球)라고 하는 배치의 대부분은 두께가 어려운 상황을 말한다. 두께가 어렵다는 것은 단순하게 각도를 맞추기 위한 두께만을 이야기하는 것이 아니라, 좌, 우의 회전량이 많아서 원하는 두께를 맞히기 어렵거나 내 공이 쿠션에 가까이 붙어 있어서 큐걸이가 불편해서 원하는 두께를 맞히기 어려운 것도 포함된다.

이뿐만이 아니라 속도에 따라서도 두께의 정확성은 달라지기 때문에 두께를 맞히는 연습은 평생 해야 하는 것이다.

어쩌면 난구를 분류하는 것이 잘못된 것일 수 있다. 왜냐하면 자신에게는 어려운 배치이지만 그 배치를 많이 연습한 사람은 기본구라고 생각하기 때문이다.

고수와 하수의 차이는 여러 부분에서 나뉘지만 가장 큰 것은 기본기가 얼마나 탄탄하게 몸에 익혀져 있느냐의 차이이다. 이론적으로나 실기적으로 소홀한 부분을 점검하고 연습한다면 자신도 모르게 고수의 반열에 서 있게 될 것이다.

독자들이 생각하는 답과 필자가 적어 놓은 답을 비교해 보고 더 좋은 방법이라 생각하는 답으로 연습을 하는 것이 난구를 기본구로 바꾸는 지름길이다.

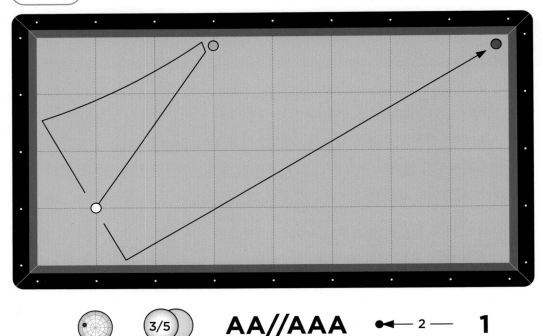

AA//AAA ●━ 2 ━ 1

이 배치를 실제로 당구대에서 접하게 되면 누구나 끌어야 한다고 생각한다. 하단의 당점으로 시도해 보자. 충분히 잘 끌었다고 생각을 해도 제2목적구가 위치한 코너까지 진행시키기는 거의 불가능할 것이다.

조금만 자세히 분석해 보자. 이런 배치에서 내 공에 하단 당점을 결정한다면 제1목적구를 맞고 끌리기도 하지만 첫 번째 쿠션과 거리가 가까우므로 첫 번째 쿠션에서도 몸쪽으로 끌리는 현상이 생기게 되므로 오히려 내 공이 더 짧게 진행한다.

당구대의 상태에 따라서 당점의 위치가 약간은 다르지만, 중단에서 당점을 선택한다면 약한 전진력이 생기면서 도면과 같은 진행을 만들 수 있을 것이다.

회전이 빨리 풀리는(각도가 짧게 진행하는) 당구대에서는 당점을 9시 30분 정도로 올려서 시도해야 할 것이다.

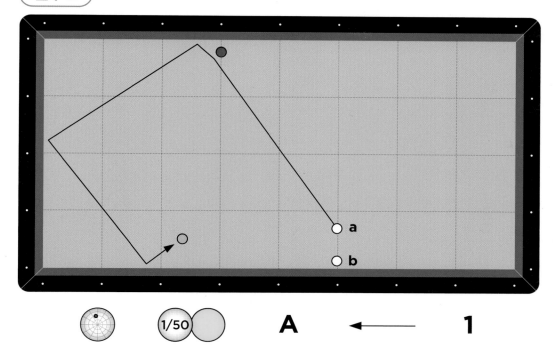

내 공이 a의 위치에 있다면 무회전으로 시도하여 득점할 수 있는 배치이다. 하지만 이 또한 매우 어려움을 느낄 것이다.

두께가 어렵기 때문에 다른 경로를 찾는 연구도 필요하지만 두께의 집중력이 필요한 경로이므로 반드시 연습을 해야만 하는 배치이다.

내 공이 b의 위치에 있으면 큐걸이(Bridge)마저도 불편해진다. 큐걸이가 불편하다고 매 번 피해서는 안 된다. 실전에서 자신 있게 구사할 수 있을 정도로 많은 연습을 해야만 한다.

선수들은 일부러 이런 악조건을 만들어 놓고 연습을 한다.

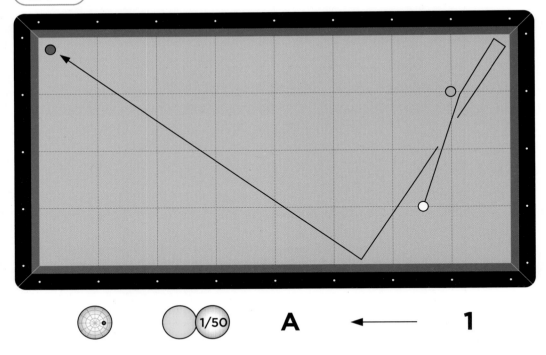

A ← 1

1/50

좌, 우의 회전을 많이 선택할수록 스쿼트(Spuirt) 현상이 심하게 일어나므로 원하는 두께를 맞히기가 매우 어려워진다.

어렵다고 매번 피하기만 해서는 안 된다. 될 때까지 연습해서 성공을 자주 경험한다면 실전에서도 자신감이 생기게 된다.

반대쪽으로도 똑같은 배치를 만들어 놓고 연습해야 한다. 한쪽이 잘된다고 해서 반대쪽도 잘되지는 않는다.

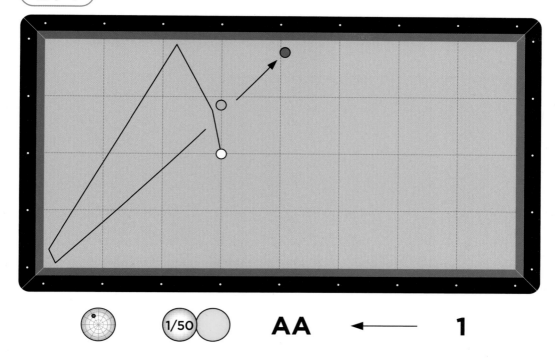

	1/50	AA	←	1

키스를 피하기 위해 두께를 얇게 결정하여 시도할 수 있으나 내 공을 코너에 잘 도착시켜도 길게 진행하여 득점하기가 어렵다. 역회전을 사용하는 방법도 있으나 얇은 두께를 선택한 상태에서 역회전을 사용하면 내 공을 코너에 도착시키는 것이 불가능해진다.

무회전이나 순방향 회전을 사용하면서 속도를 빠르게 하여 시도해 보자. 세 번째 쿠션에서 생각지도 못하게 솟아오르면서 득점을 할 수 있을 것이다.

생각보다 훨씬 빠르게 시도해야 한다.

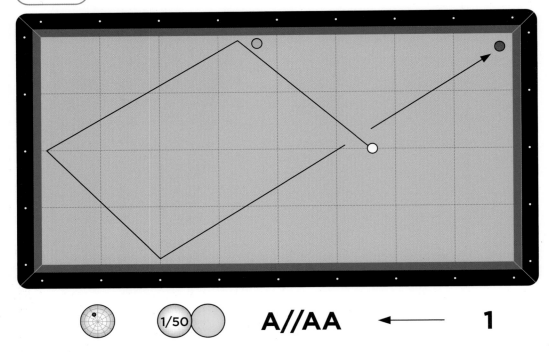

난구 5

A//AA ← 1

앞에서도 말했지만 옆 돌리기를 시도할 때의 난구는 두께의 어려움을 느끼게 하는 배치이다.

다른 경로를 선택할 수 있겠으나 두께를 매우 얇게 맞히는 연습이 되어 있다면 옆 돌리기가 제일 좋은 선택이라고 할 수 있다.

얇은 두께를 맞히는 연습을 하기에 좋은 배치이므로 내 공과 제1목적구와의 거리를 다양하게 바꿔가면서 연습해야 한다.

난구 6

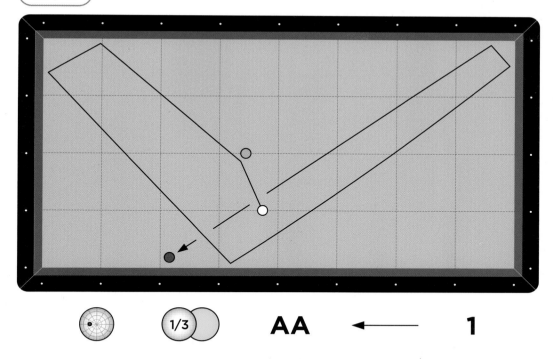

제2목적구가 쿠션에서 약간 떨어져 있으므로 3쿠션으로 시도할 수 있다. 정확성을 기르기 위하여 당연히 연습해야 하는 경로이므로 많은 시간을 투자하길 바란다.

5쿠션으로 시도를 하는 것은 연속 득점을 하기 위한 공략법이므로 대회전이라고 해서 무조건 세게만 친다면 오히려 안 좋은 상황을 만들 수 있다. 제1목적구의 움직임을 관찰하면서 연습해야 한다.

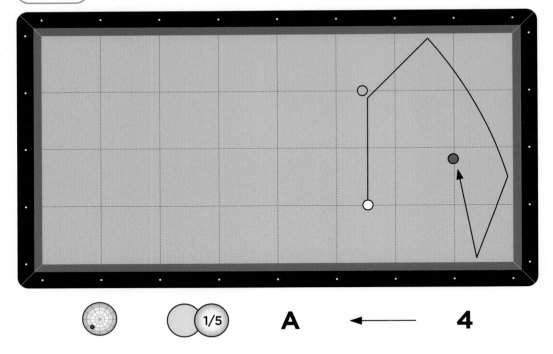

제1목적구의 왼쪽을 맞히면서 내 공을 코너 근처로 진행시켜서 옆 돌리기를 시도할 수 있으나 제1목적구가 제2목적구를 맞히는 키스를 피해야 하는 어려움이 있다.

역회전으로 평범하게 만들 수 없는 각도를 만들어 보자.

200

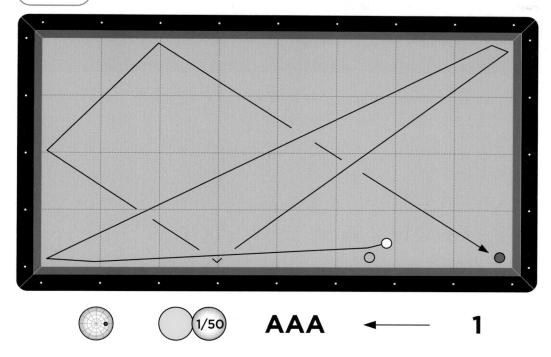

1/50   AAA ←   1

조금 두꺼운 두께로 앞 돌리기를 시도할 수 있으나 제2목적구 앞에서 1쿠션을 만들어 내야 하므로 앞 돌리기는 운이 많이 따라야 성공할 수 있는 경로라고 할 수 있다.

가까이에 놓인 제1목적구를 움직이지도 않을 정도로 얇게 맞힌다는 것이 쉬운 작업은 아니다. 더군다나 빠르게 스트로크를 해야 하기 때문에 생각만큼 쉽지는 않을 것이다. 하지만 연습하여 익혀둔다면 남들이 어려워하는 배치를 나는 기본구라고 생각할 수 있는 자신감이 생길 것이다.

옆 돌리기의 연속 득점(Position Play) 방법이 뒤 돌리기의 연속 득점 방법과 그리 다르지 않다. 연속 득점을 할 수 있는 몇 가지 법칙을 지킨다면 누구나 어렵지 않게 다음 배치를 쉽게 만들 수 있다.

두 개의 목적구 중에 하나를 코너에 도착하도록 한다.

두 개의 목적구 중 하나가 코너에 위치한다면 다른 하나의 목적구가 당구대의 중앙이나 다른 위치에 있어도 연속 득점을 하기 수월해진다.

문제 1

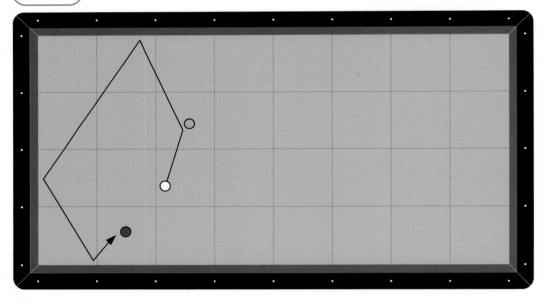

누구나 쉬운 옆 돌리기의 기본형태라고 생각할 것이다. 그렇다면 연속 득점을 할 수 있도록 다음 배치를 만들어 보자. 제1목적구를 어디에 도착하도록 할 것인가? 득점에만 연연하다 보면 다음 배치를 매우 어렵게 만들 수 있다.

해법 1-1

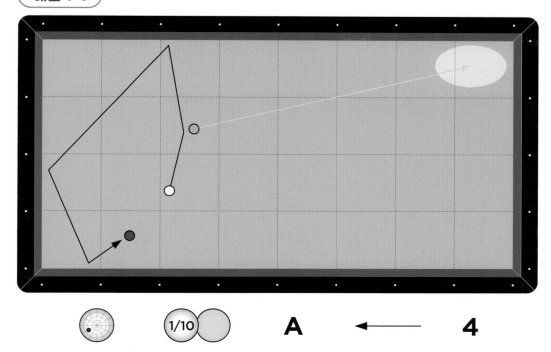

1/10   A   ← 4

해법 1-2

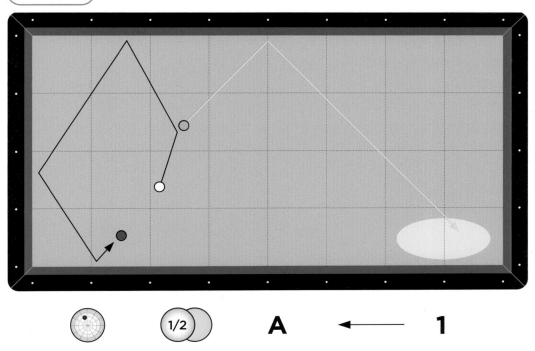

1/2   A   ← 1

제1목적구 단 쿠션의 중앙에 위치하지 않도록 한다면 해법 1-1과 1-2 중 어느 방법으로 시도하여도 다음 배치가 나쁘지 않을 것이다.

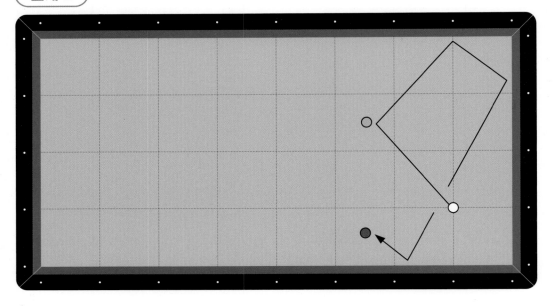

누구나 어렵지 않은 옆 돌리기의 배치라고 생각할 수 있으나 제1목적구가 제2목적구를 맞히는 키스를 걱정해야 한다.

키스의 위험을 방지하고 연속 득점을 하기 위한 두께와 당점의 조합을 찾아보자. 제1목적구의 진행 경로를 유심히 관찰한다면 좋은 해법을 찾을 수 있을 것이다.

해법 2-1

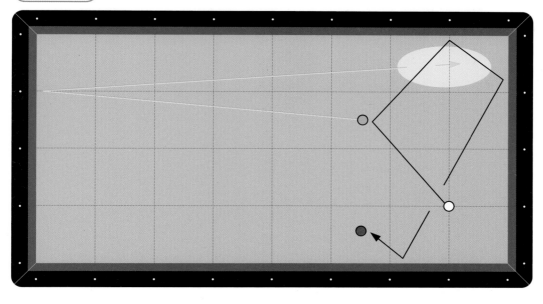

  A//AA **4**

해법 2-2

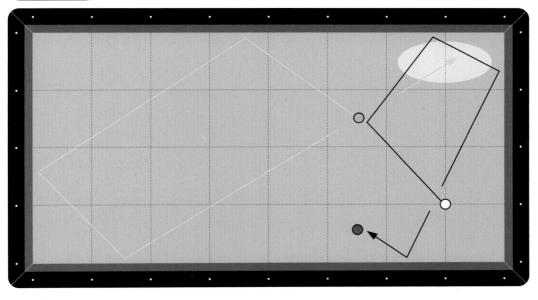

AA//AAA **4**

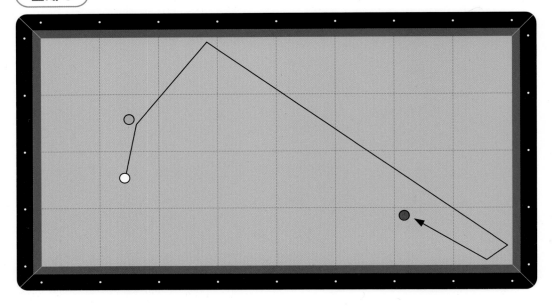

교과서적인 옆 돌리기 배치이다. 1점을 득점하기 위해 연연하지 말고 제1목적구를 어디에 도착시킬 것인가를 조금만 생각해 보자.

포지션 플레이가 어렵지 않을 것이다.

위의 배치를 같은 경로의 옆 돌리기로 득점할 수 있는 두께와 당점의 조합은 매우 많다. 그 많은 조합 중에서 "이 배치는 어떻게 치는 것이 정답이에요?"라는 질문은 계산법에 사로잡혀 있는 사람들의 공통된 질문이다. 계산법을 머릿속에서 지워야 한다.

당구에 정답은 없기 때문이다.

해법 3-1

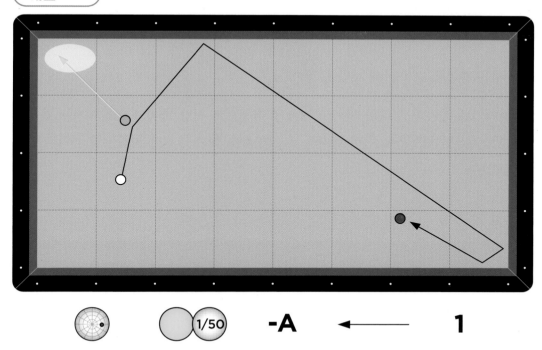

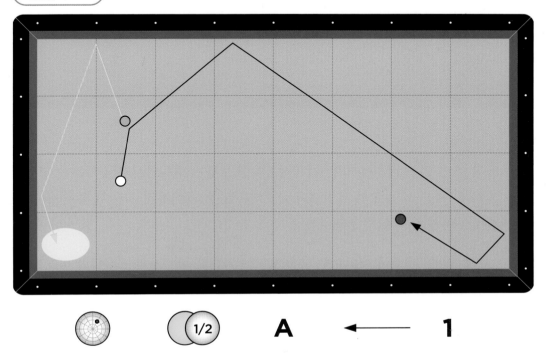

해법 3-2

세 개의 공을 모두 장 쿠션의 직사각형에 위치하도록 한다.

옆 돌리기를 시도하여 득점에 성공한 후에 장 쿠션을 따라서 형성되는 직사각형 안에 세 개의 공이 모두 도착한다면 다음 공격을 쉽게 이어갈 수 있다는 생각에 기분이 좋아지는 경험을 모두들 해 보았을 것이다.

옆 돌리기를 성공하고 나서 자기도 모르게 자동으로 이런 배치가 만들어지는 경우도 있지만, 자신이 의도하여 이런 배치를 만들어낼 수 있는 능력을 키워야만 공격력을 높일 수 있다.

문제 4

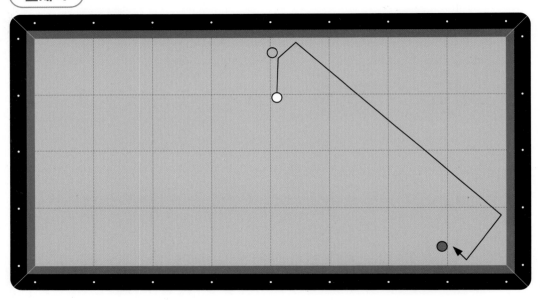

쉽게 득점할 수 있는 배치이지만 제1목적구의 속도를 조절하면서 성공하기가 쉽지는 않을 것이다. 내 공의 속도와 목적구의 속도 밸런스를 제어하는 것은 많은 연습에 의한 경험으로만 쌓을 수 있는 능력이다.

계산으로 할 수 있는 것이 아니므로 자신의 실력을 더욱 발전시키고 싶다면 반드시 포지션 플레이 연습을 해야 한다.

해법 4

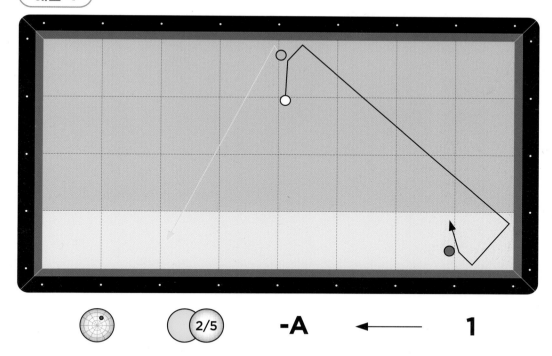

2/5　　-A　　←　　1

문제 5

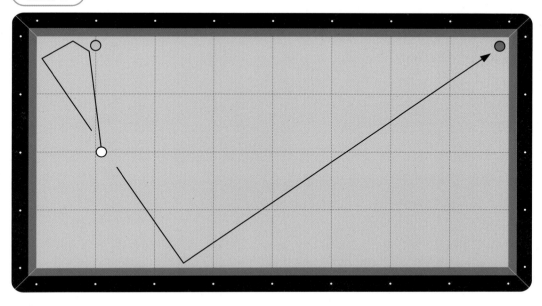

쉽게 성공할 수 있지만, 득점하고 난 후의 배치가 마음에 들지 않는 문제이다. 이 문제를 선수들은 어떻게 해결할까?

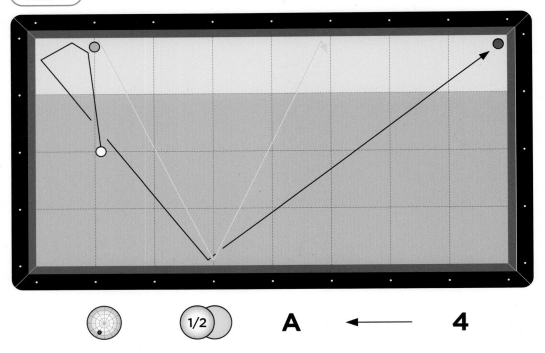

1/2   **A** ← **4**

왼쪽 회전을 많이 결정한다면 두께를 얇게 선택해야 한다.

이렇게 시도하면 제1목적구가 하단의 장 쿠션에 도착하게 되므로 다음 공격을 하기가 매우 어렵다.

두께를 1/2 정도로 결정하면 제1목적구가 장–장 쿠션으로 이동하면서 상단의 장 쿠션에 위치하게 되므로 다음 공격이 쉬워진다. 두께를 1/2로 선택했을 때 이에 따른 당점을 어떻게 결정할 것인가? 당점을 중단이나 상단으로 결정한다면 내 공의 진행이 매우 길어지므로 득점이 불가능하게 된다.

하단의 약한 왼쪽 회전을 선택하여 시도해 보자. 이때 때리는 듯한 타법을 구사한다면 역시나 내 공이 길게 진행할 것이다. 부드럽고 길게 미는 타법으로 시도하면 생각한 대로 멋진 포지션 플레이를 할 수 있을 것이다.

문제 6

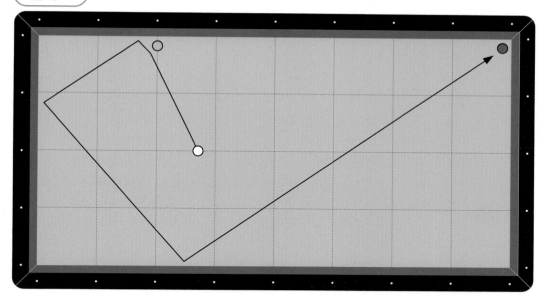

누구나 쉬운 배치라고 생각하여 득점에만 집중하게 되는 문제이지만 고민 없이 득점하고 나면 매우 어려운 배치가 만들어지는 어이없는 문제이다. 이런 경우의 가장 큰 실수는 당점을 먼저 결정한다는 것이다.

해법 6

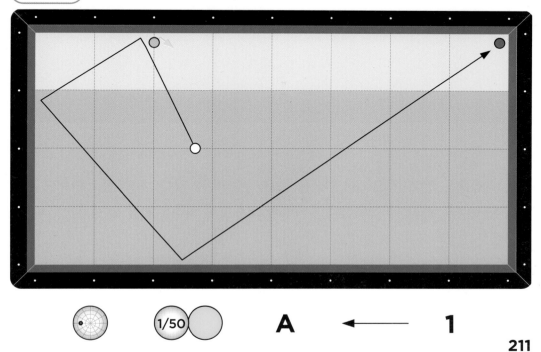

A ← 1

211

제1목적구가 움직이지도 않을 정도로 두께를 매우 얇게 선택해 보자. 득점이 된다면 누구나 득점할 수 있는 뒤 돌리기 형태의 배치가 만들어질 것이다.

9시 방향의 최대 회전을 결정하면서 1/50의 두께를 맞히는 것이 상당히 어려울 것이다.

어렵다는 것은 연습량이 없다는 것이다. 연습 부족으로 자신이 없다고 피할 것이 아니라 연습으로 많은 경험을 쌓는 것이 중요하다.

고수는 연습으로 인한 성공과 실패의 많은 경험을 가지고 있는 사람을 말한다. 연습하지 않으면서 실력이 늘지 않는다고 머리로만 공부하는 사람은 영원한 하수로 남을 수밖에 없다.

문제 7

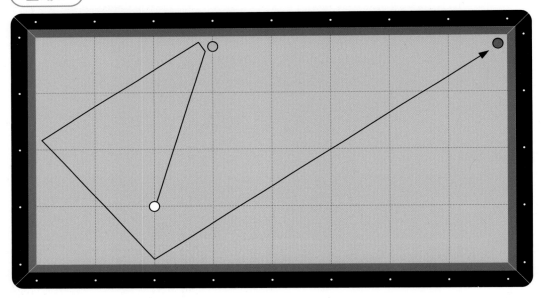

득점만 신경을 쓴다면 제1목적구의 움직임을 관찰할 수 없다. 제1목적구가 어느 경로로 진행하는지 조금만 눈여겨본다면 어렵지 않게 좋은 배치를 만들 수 있다.

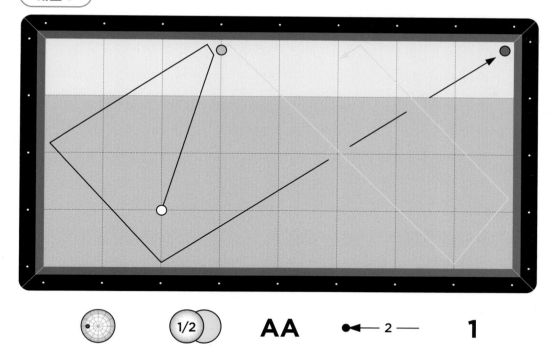

사실 이번 문제는 끌어야 한다는 생각 때문에 너무 두껍게 시도하지만 않는다면 득점을 한 후에 거의 자동으로 포지션 플레이가 이루어지는 문제라고 할 수 있다.

우연히 좋은 배치가 만들어지는 것과 의도해서 좋은 배치를 만드는 것은 엄연히 다르다. 쉽다는 생각이 들면 성공률을 높일 수 있도록 더 집중해야만 한다.

당구는 대충 쳐 놓고 맞기를 바라는 로또가 아니다. 자신의 당구 지식과 연습 정도에 따라서 실력을 보여 주는 스포츠이므로 술을 마시고 기분에 취해 당구를 치려고 하지 말아야 한다.

**엄연히 규칙과 예의라는 것이 있으므로
상대방과 주위의 사람들에게 피해를 주지 않도록
주의하면서 실력을 겨루기 바란다.**

당구대의 중앙에 세 개의 공을 모두 모은다.

당구대의 중앙에 세 개의 공이 모여 있다면 시도할 수 있는 여러 가지 경로를 찾을 수 있다. 공략할 수 있는 경로가 여러 가지가 있다면 그중에서 가장 성공률이 높은 방법을 찾을 수 있다는 말과 같다. 코너나 쿠션 쪽에 포지션을 하려고 하다가 미숙한 힘 조절로 인하여 난구를 만드는 경우가 생긴다. 물론 많은 연습으로 쿠션이나 코너로 포지션을 할 수 있는 능력을 길러야 하겠지만 필자가 소개하는 몇 가지 배치만이라도 기억하고 연습하여 실전에서 활용을 할 수 있도록 하자.

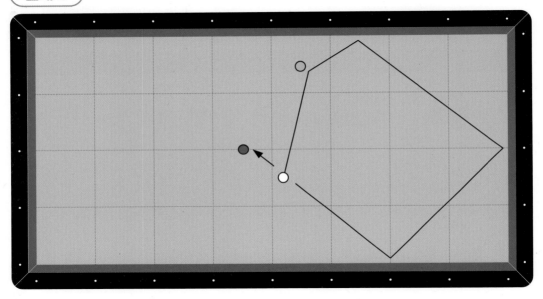

문제 8

제1목적구를 맞힐 수 있는 두께의 여유가 많은 배치이다.

당점을 미리 결정하지 말고 목적구를 어디에 도착시킬 것인지를 먼저 결정하자. 두께에 따라서 목적구의 도착 위치는 달라지므로 두께의 선택이 중요하고 결정한 두께에 따라서 당점을 선택해야 한다.

두께가 두꺼울수록 우회전의 양을 줄여야 하고, 두께가 얇을수록 회전의 양이 많아야 할 것이다.

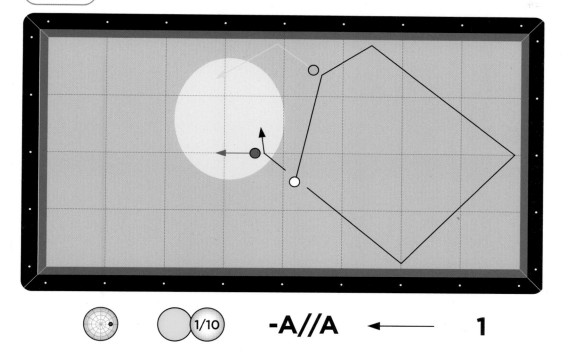

해법 8

-A//A ← **1**

두께를 1/10 이하로 얇게 결정하고 3시 방향의 당점으로 부드럽고 느린 샷을 한다면 도면과 같이 목적구와 내 공을 진행시킬 수 있을 것이다.

문제 9

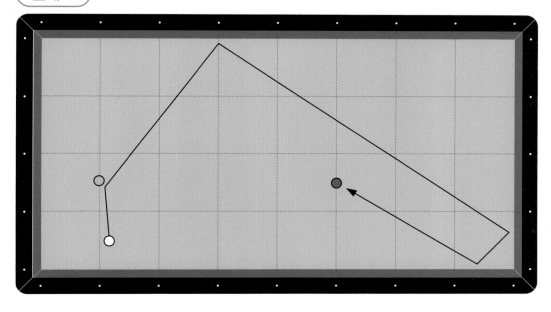

많은 동호인이 경기 중에 이와 비슷한 배치를 과한 속도로 시도하는 모습을 본다. 제1목적구가 어떻게 진행하게 될 것인지 먼저 예상해 보자. 그리고 득점만 신경을 쓰지 말고 제1목적구의 움직임을 관찰하면서 시도해 보자.

나의 예상과 제1목적구의 진행이 같은가?

해법 9

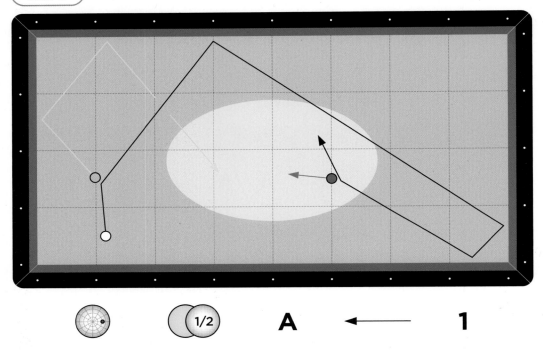

1/2 정도의 두께를 선택하게 되면 대부분 과한 속도를 내야만 거리 이동이 된다고 느끼는 것 같다.

오른쪽 회전력 때문에 생각보다 내 공의 이동 거리가 많아지므로 생각보다 느린 속도로 성공할 수 있다.

문제 10

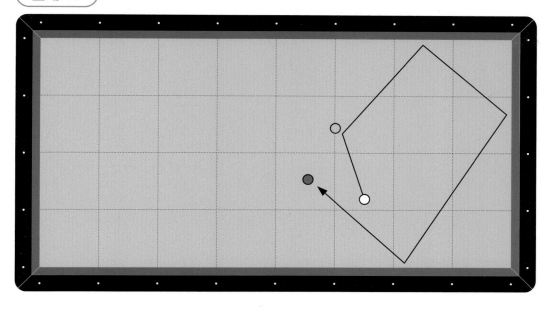

제1목적구의 왼쪽을 맞혀서 옆 돌리기를 시도할 수 있으나 득점 후에 두 개의 목적구가 단 쿠션에 몰리게 되므로 어려운 상황에 놓일 수 있다. 제1목적구의 오른쪽을 맞히면서 옆 돌리기를 시도해 보자. 두께를 다양하게 결정할 수 있으므로 두께에 따라 다음 배치도 여러 형태가 만들어질 것이다.

어떤 두께와 당점의 조합이 좋은 결과를 얻을 수 있는지 찾아보자. 생각이 계산법에 갇혀있는 사람이라면 당점을 바꾸기가 쉽지 않을 것이다.

4구 경기처럼 단순하게 생각하자. 원하는 첫 번째 쿠션의 위치에 내 공을 보낼 수 있는 두께와 당점의 조합은 여러 가지이므로 다음 배치가 좋아지는 조합을 찾아야 할 것이다.

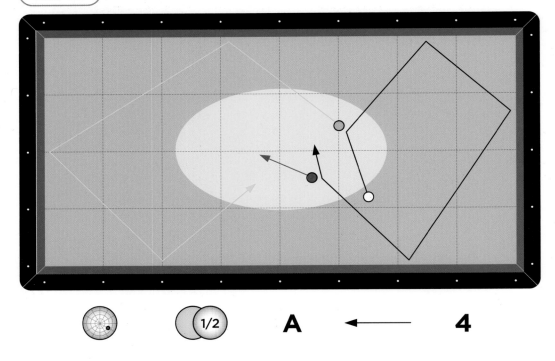

독자들은 어떤 결과를 찾았는가? 필자와 다르다고 해서 틀린 것이 아니다. 다음 배치가 좋아지는 결과를 얻었다면 위의 해법과 다르다고 하여도 좋은 답이라고 할 수 있다. 단, 필자의 답이든 독자의 답이든 매번 같은 결과를 얻을 수 있도록 확실하게 연습해야 한다.

득점에만 연연하던 사람이 포지션 플레이를 연습하기는 매우 어렵다. 하지만 발전하기를 원하는 사람이라면 반드시 거쳐야만 하는 과정이다. 지금 당장은 경기에서 지더라도 실전에서 내 생각대로 포지션을 만들어가면서 연속 득점을 하려고 해야만 한다.

연습은 했는데 실전에서 시도하지 않는다면 그 연습은 의미가 없다. 이기려고만 하면 절대로 발전할 수 없다.

6 : 옆 돌리기의 다양한 포지션 플레이

옆 돌리기의 다양한 포지션을 소개한다.

득점하기 어렵지 않은 옆 돌리기는 반드시 연속 득점을 생각해야 한다. 자칫 잘못하면 매우 어려운 배치를 만들기 때문이다.

다시 말하지만 득점할 수 있는 경로는 다양하다. 또한 같은 경로를 시도하더라도 사람마다 처리하는 방법이 다르기 때문에 폭넓은 사고를 가지고 고수들의 플레이를 눈여겨보면서 자신과 얼마나 다르게 구사하는지를 비교 분석하여 실력을 발전시킬 수 있도록 하자.

여기서 소개하는 포지션 플레이는 실전에서 선수들이 구사하는 처리 방법 위주로 소개하는 것이므로 반드시 숙지해야 하고, 수많은 반복연습으로 자신의 것으로 만들기를 바란다.

 득점하기 어렵지 않은 옆 돌리기는 반드시 연속 득점을 생각해야 한다. 참고 동영상을 참고하세요.(1~19)

옆 돌리기1

옆 돌리기19

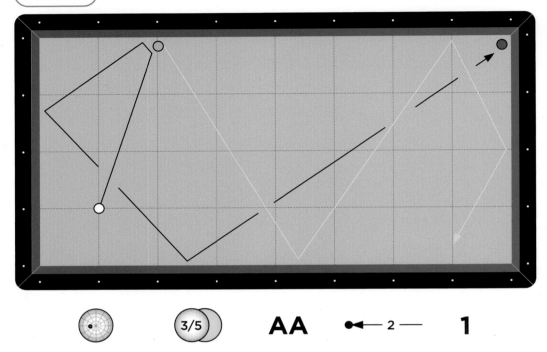

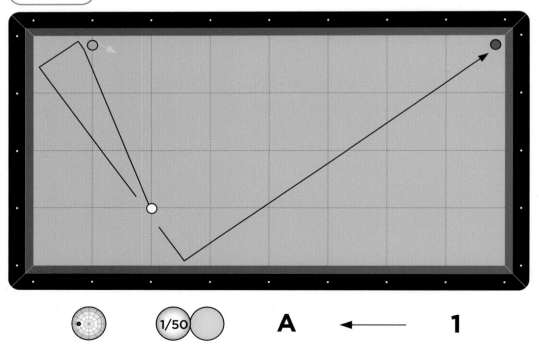

220

Case 3

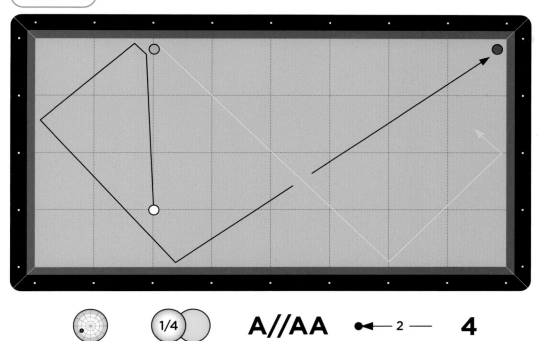

  A//AA **4**

Case 4

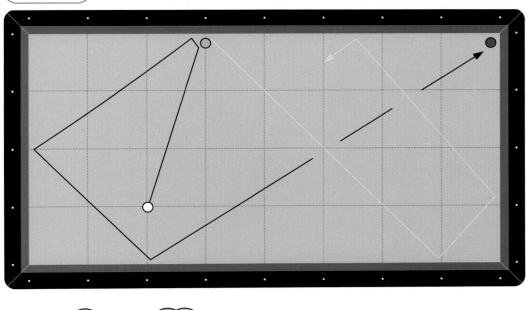

  AA 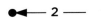 **1**

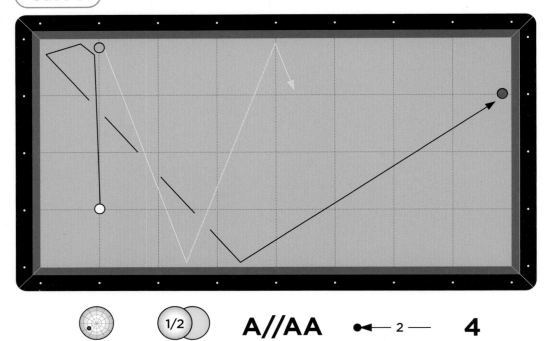

A//AA •←— 2 — 4

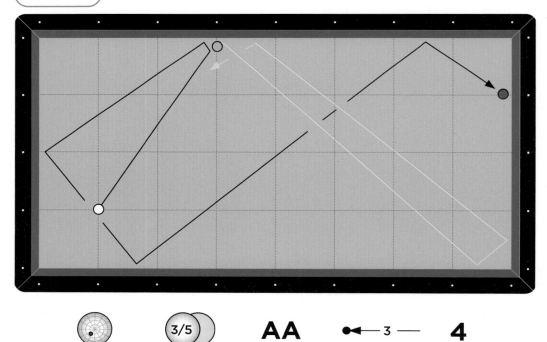

AA •←— 3 — 4

Case 7

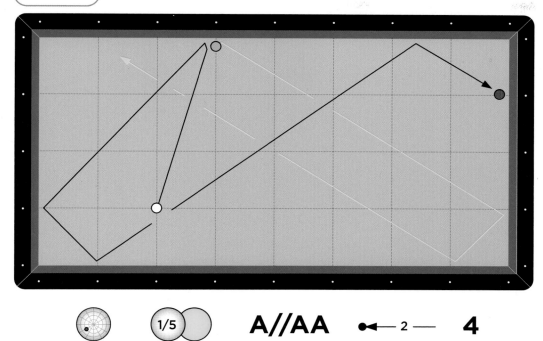

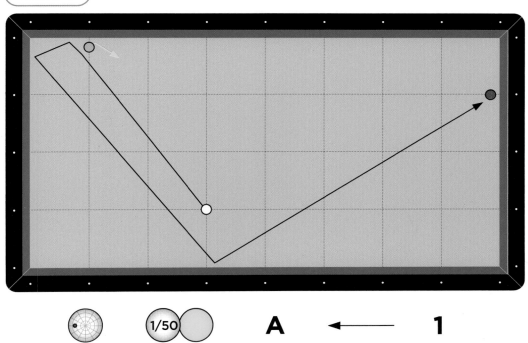

Case 8

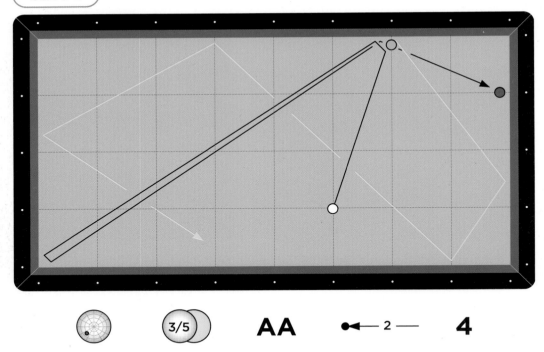

AA   •◀— 2 —   **4**

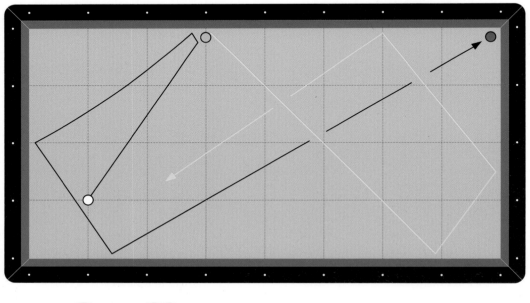

AA//AAA   •◀— 2 —   **1**

Case 11

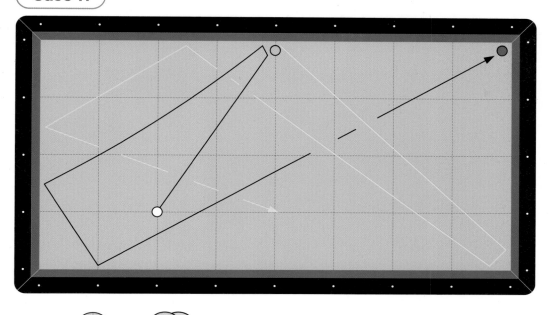

AA//AAA •←— 2 — **4**

Case 12

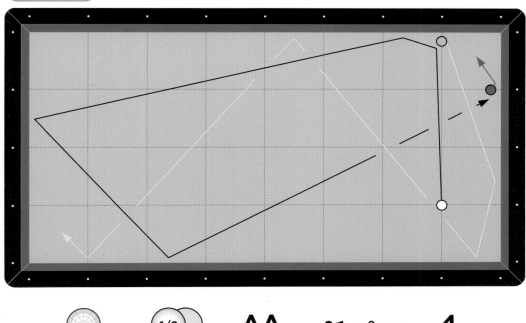

AA •←— 2 — **4**

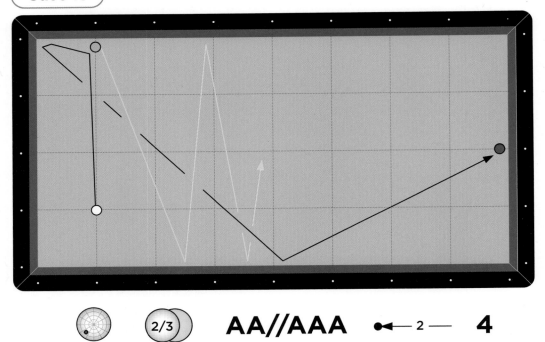

AA//AAA ← 2 — 4

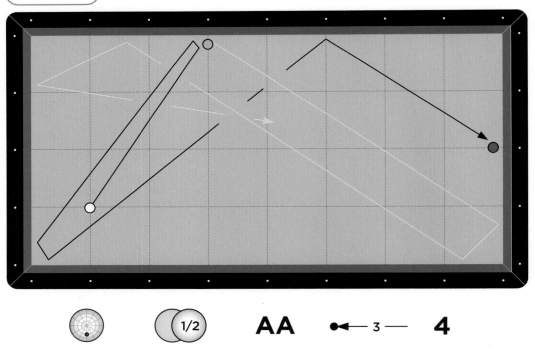

AA ← 3 — 4

Case 15

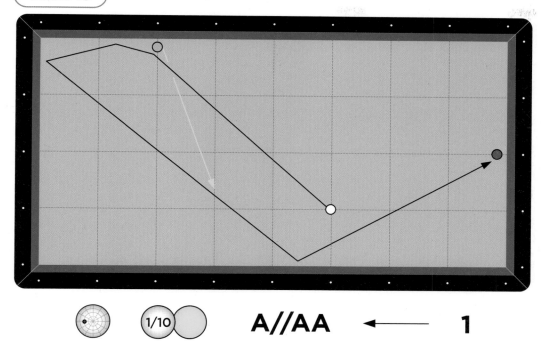

A//AA ← 1

Case 16

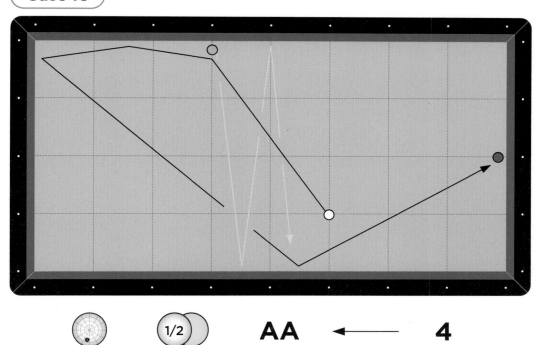

AA ← 4

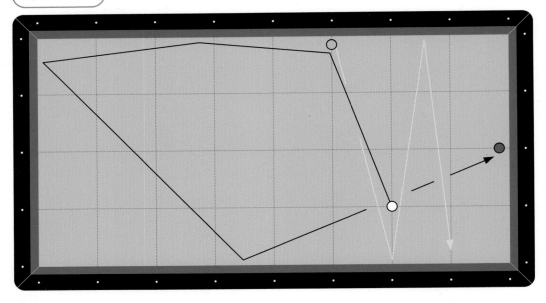

A//AA •—— 3 —— 4

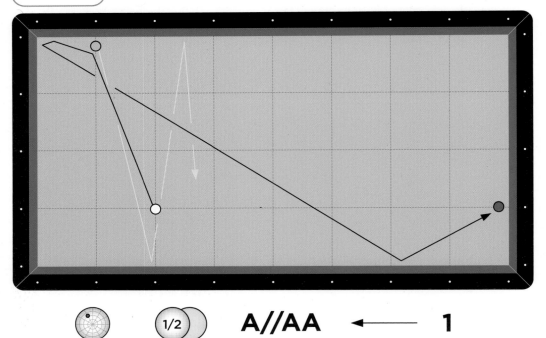

A//AA ←——— 1

Case 19

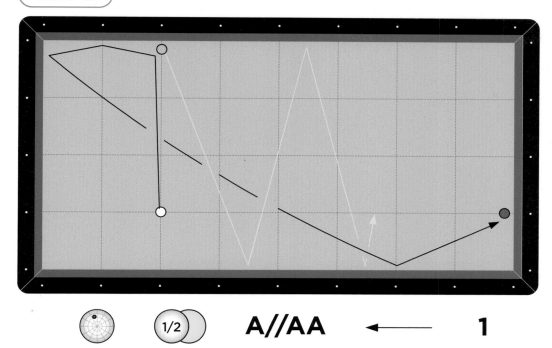

  A//AA ⟵ **1**

Case 20

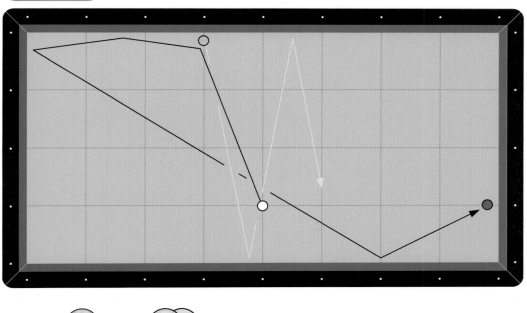

  AA •⟵ 3 — **1**

229

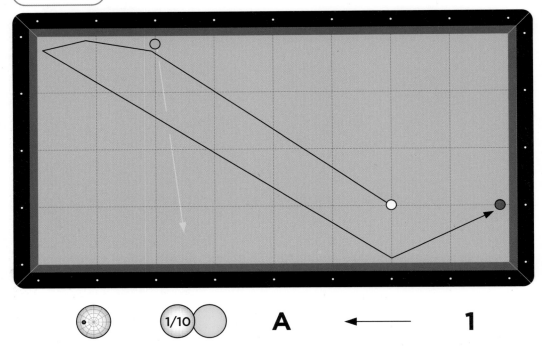

1/10   A   ←   1

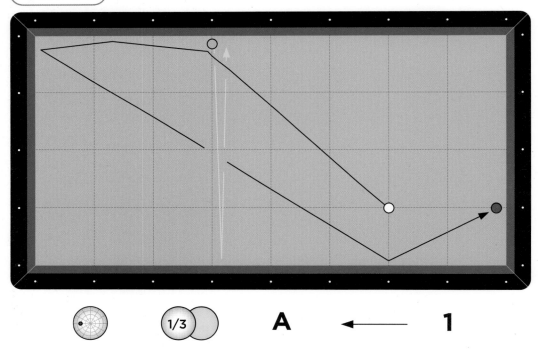

1/3   A   ←   1

Case 23

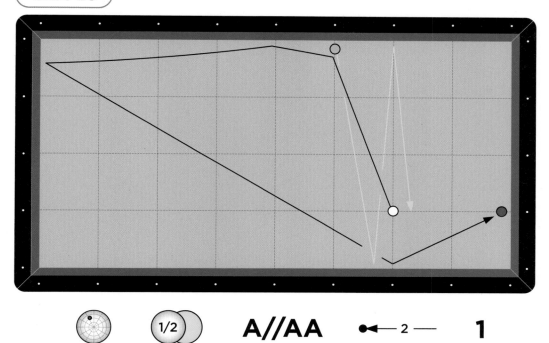

A//AA ●←― 2 ― **1**

Case 24

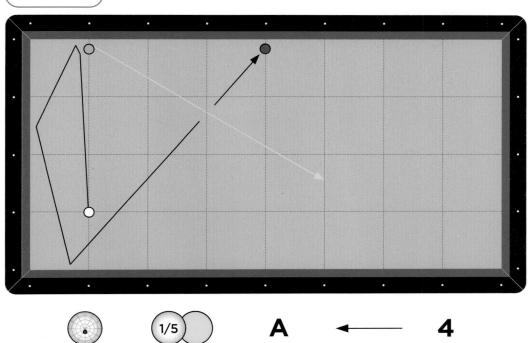

A ←― **4**

Case 25

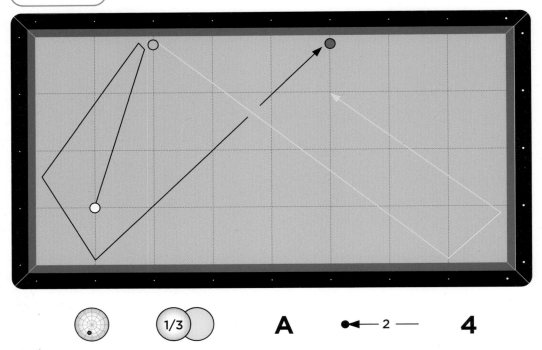

Case 26

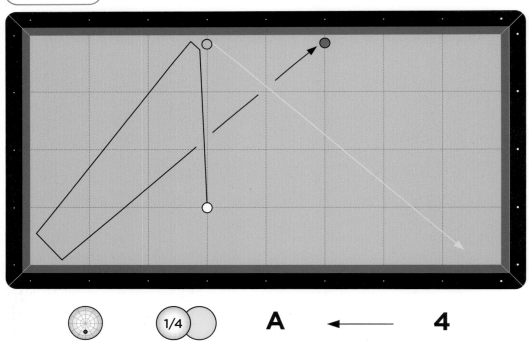

Case 27

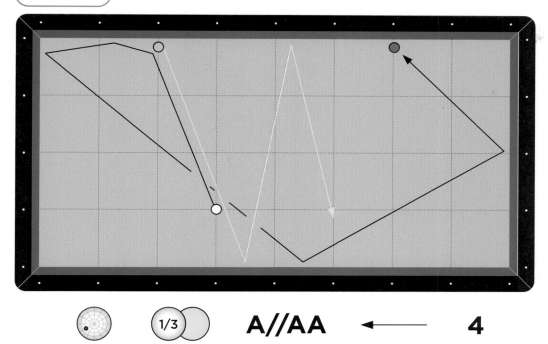

A//AA ⟵ 4

Case 28

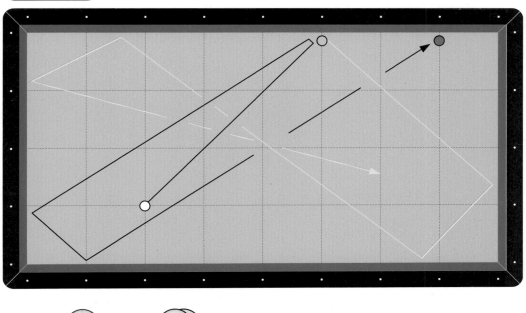

  AA •⟵ 3 — 4

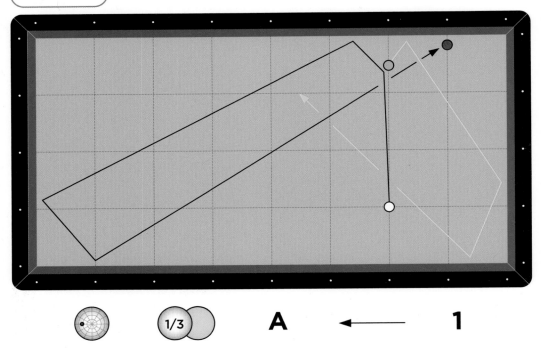

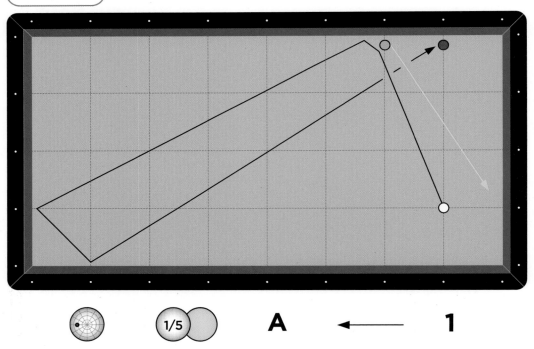

Case 31

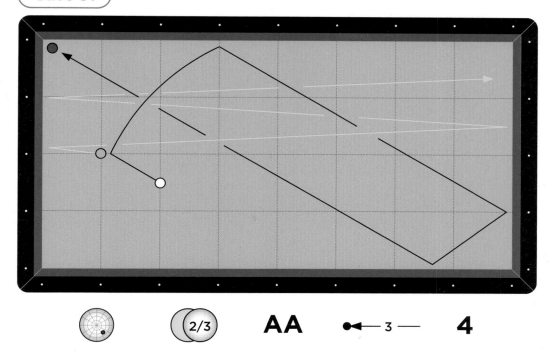

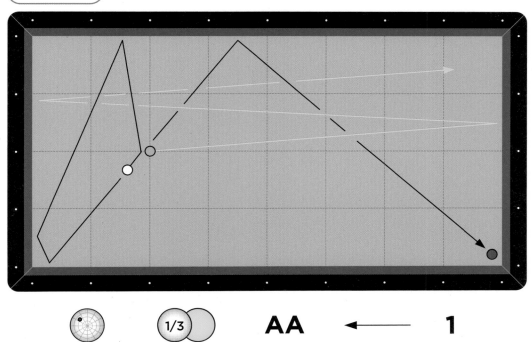

Case 32

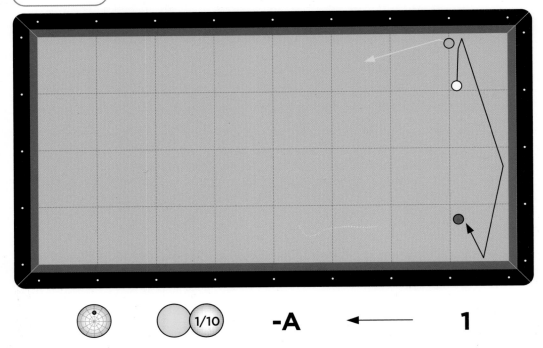

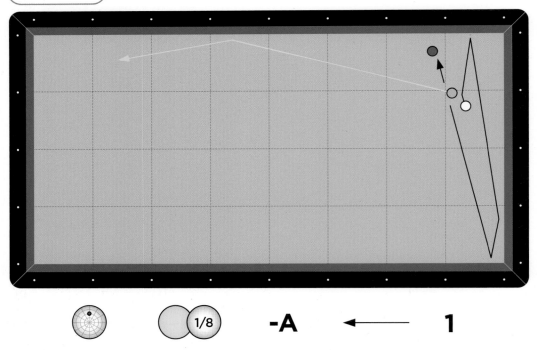

236

Case 35

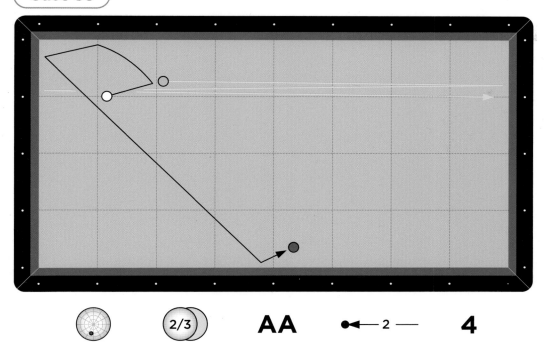

AA ●←— 2 — **4**

Case 36

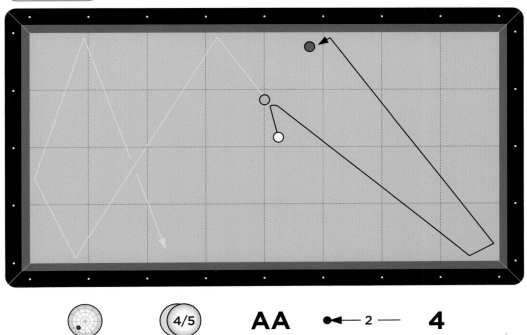

AA   **4**

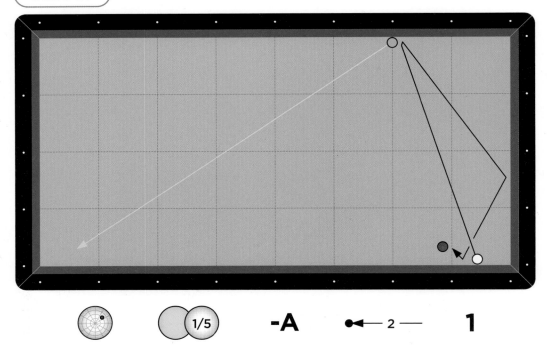

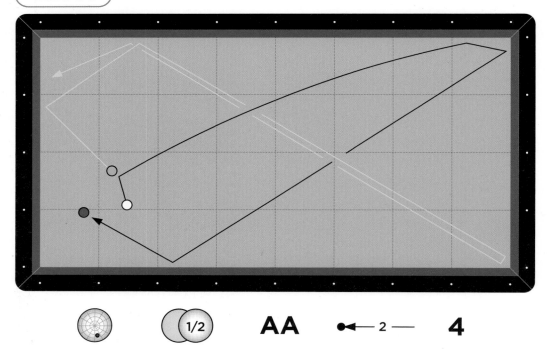

238

Case 39

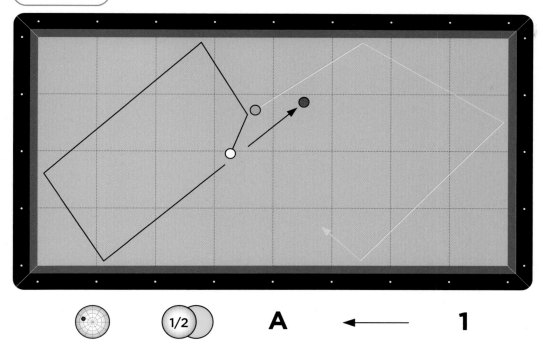

A ← 1

Case 40

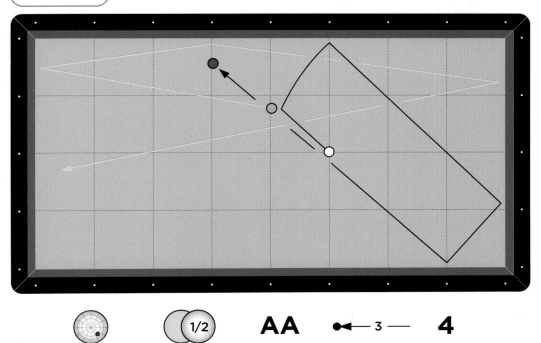

AA ●←3— 4

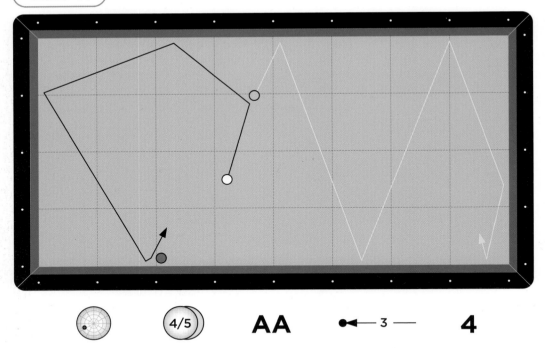

4/5 AA ←—3—— 4

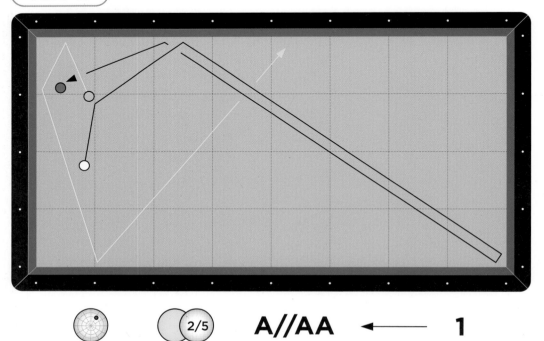

2/5 A//AA ←——— 1

240

Case 43

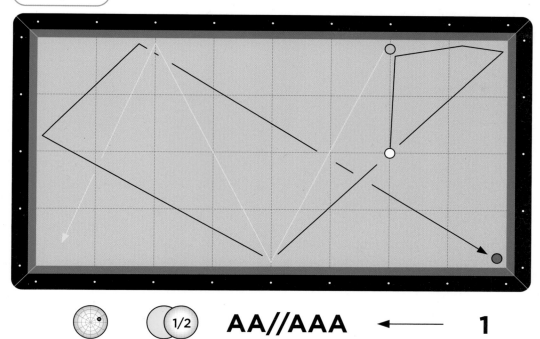

AA//AAA ← 1

Case 44

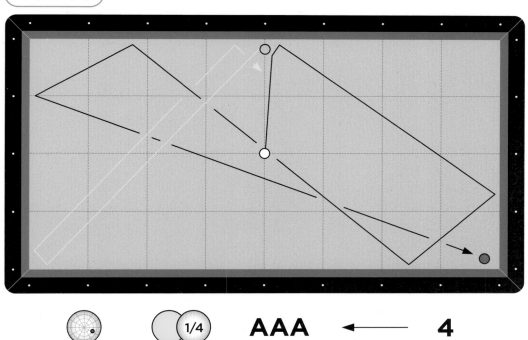

AAA ← 4

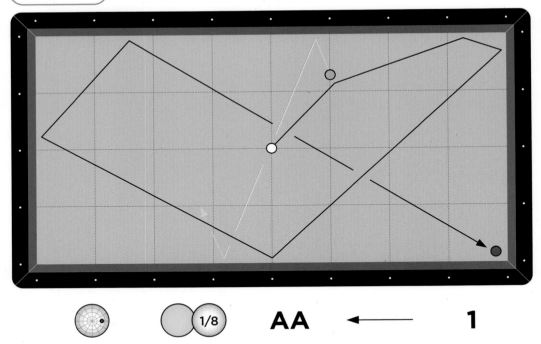

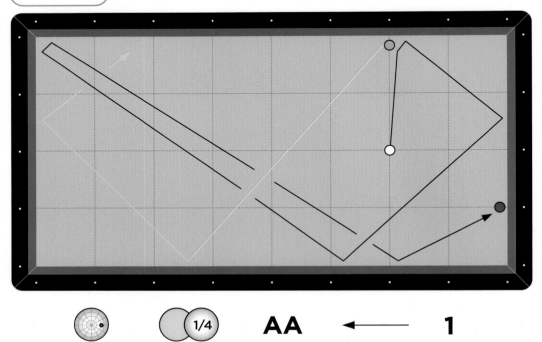

Case 47

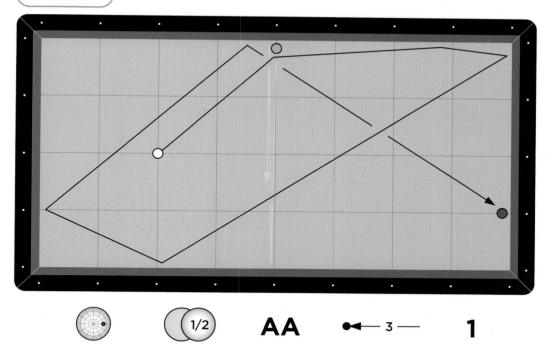

  AA ●←—3—— **1**

Case 48

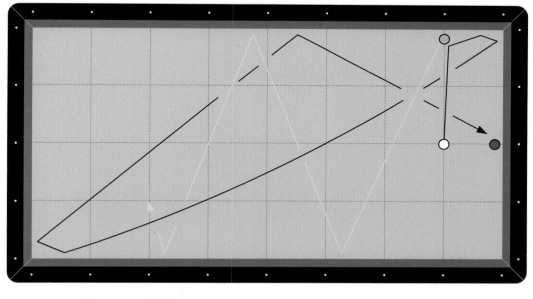

AA//AAA ●←—3—— **1**

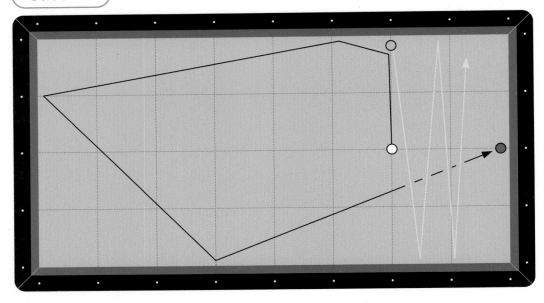

3/4 AA//AAA ← 3 — 4

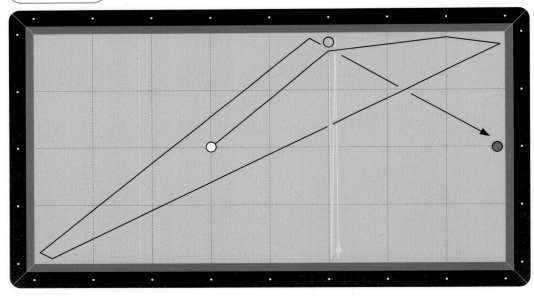

1/3 AA//AAA ← 1

Case 51

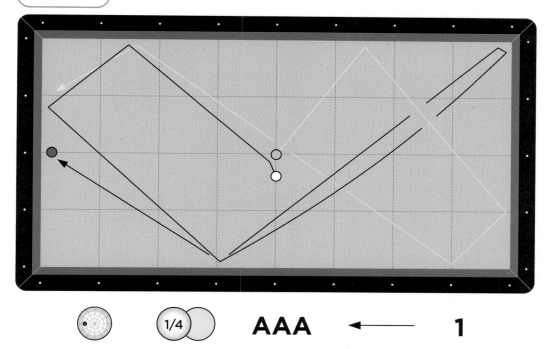

  1/4 **AAA** ← 1

Case 52

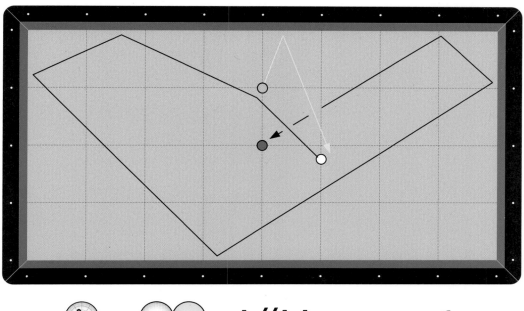

 1/10 **A//AA** ← 1

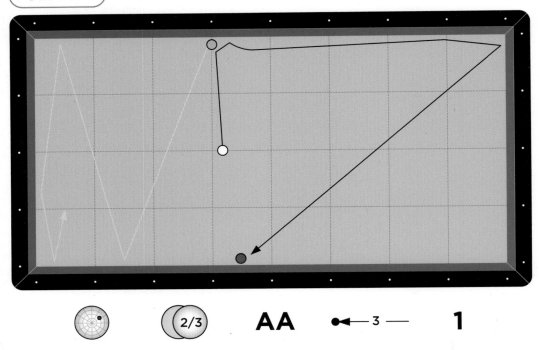

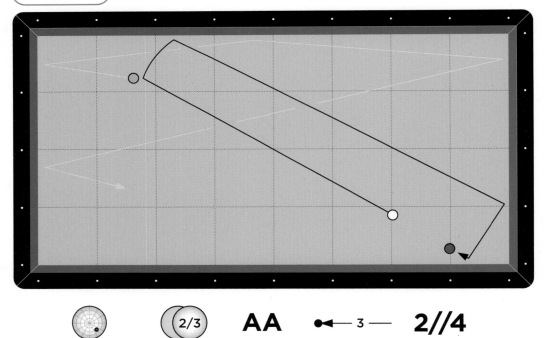

비껴 돌리기 1

1 : 비껴 돌리기 1이란?

비껴 돌리기 1의 경로

뒤 돌리기나 옆 돌리기와 마찬가지로 장-단-장 쿠션으로 진행하는 경로이나 제1목적 구가 1쿠션이나 2쿠션을 맞고 나오기 전에 내 공이 그 앞 공간으로 진행하는 경로를 말한다.

두께를 매우 섬세하게 맞힐 수 있는 연습이 필요하며 내가 선택한 당점이 1쿠션을 맞은 이후에 얼마만큼의 각도를 형성하는지 정확히 알아야 성공률을 높일 수 있다.

두께와 속도, 타법에 따라서도 내 공의 진행 경로가 다양하게 바뀌기 때문에 4구 경기를 할 때의 기초 이론과 연습량이 없으면 성공률을 높일 수 없다.

뒤 돌리기와 마찬가지로 포지션 플레이가 가능하므로 연속 득점을 노릴 수 있는 경로이다.

비껴 돌리기 1의 공략법

비껴 돌리기 1을 시도할 때 두께와 당점을 고민하기 전에 내 공이 제1목적구를 향해서 진행하는 각도와 두께에 따라서 무회전과 최대 회전으로 도착하는 2번째 쿠션, 또는 3번째 쿠션의 위치를 알고 있어야 한다.

내 공의 무회전과 최대 회전 진행 각도의 범위를 모르면 무모한 시도를 하게 되기 때문에 두께를 최대 또는 최소로 얼마나 선택할 수 있는지와 그 두께를 맞혔을 때 무회전과 최대 회전으로 얼마나 각도를 벌릴 수 있는지를 느낌으로 알 수 있어야 한다. 그러기 위해서는 당연히 많은 연습이 필요하다.

Basic 1 – 두께 1/2

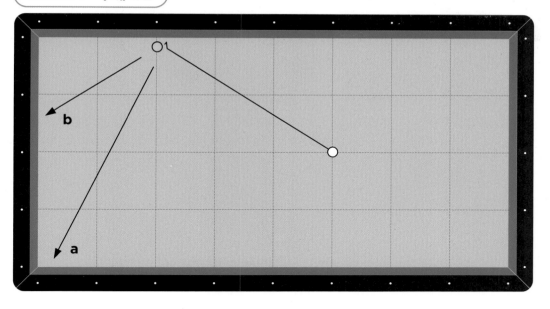

위의 배치에서 두께를 1/2로 정하고 무회전으로 부드럽게 밀어치면 2번째 쿠션의
도착 위치는 a이다.

두께를 동일하게 1/2로 정하고 최대 9시 방향의 회전으로 시도하면 b의 위치로 진행
할 것이다. 그렇다면 a 지점부터 b 지점까지의 구역은 두께를 1/2로 선택했을 때 회전
력을 조절하면 얼마든지 원하는 곳에 보낼 수 있다는 판단이 설 것이다.

이 배치에서는 두께를 1/4까지 얇게 선택할 수 있다. 무회전과 최대 회전으로 시도하
여 내 공을 도착시킬 수 있는 범위를 알아보자.

두께를 1/4로 정하고 무회전으로 시도하면 내 공이 코너의 단 쿠션에 도착한다. 두께
를 1/2로 선택하고 무회전으로 시도했을 때보다는 조금 더 전진하게 된다.

하지만 두께를 1/4로 정하고 최대 9시 방향의 회전으로 시도하면 Basic 1의 b 지점과
차이가 없다는 것을 확인하게 될 것이다.

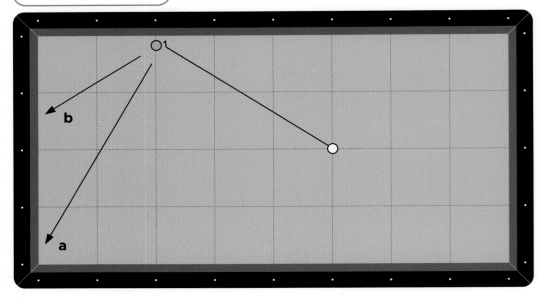

두께가 얇은 만큼 2번째 쿠션의 도착 지점도 많이 밀리면서 b 지점보다 더 위쪽에 도 착할 것 같다.

그러나 두께가 얇으면 쿠션으로 진행하는 속도가 빨라지고 쿠션이 내 공을 뱉어내는 속도도 빨라지므로 2번째 쿠션의 도착 위치는 차이가 없게 된다.

모든 비껴 돌리기의 배치에서 내 공이 이렇게 진행하는 것은 아니다. 어떤 배치는 두 께가 두꺼울수록 내 공이 더 많이 밀리고, 어떤 배치는 두께가 얇을수록 내 공이 전진 한다.

그러므로 각각의 배치마다 내 공의 도착 범위를 알아야 하고, 공이 놓인 배치를 눈으 로 보기만 해도 도착 범위가 느껴질 정도로 많은 연습을 해야만 실전에서 적용할 수 있다.

앞에서 경험한 것과 같이 배치마다 내 공의 도착 범위를 알고 그 범위 안의 원하는 지점에 내 공이 도착할 수 있는 당점을 자신감 있게 선택할 수 있다면 비껴 돌리기는 매우 쉬운 경로라고 할 수 있다.

비껴 돌리기를 시도할 때 독자들이 착각하는 부분이 있다. 다음 문제를 보면서 설명하겠다.

Basic 3

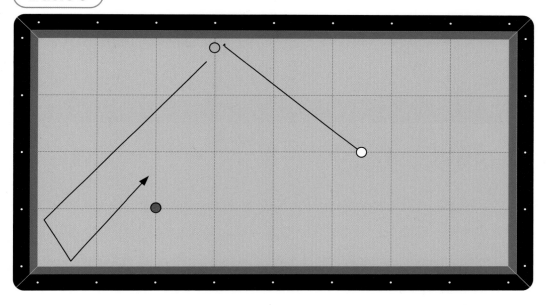

비껴 돌리기를 시도해서 Basic 3과 같은 경로로 득점에 실패하면 대부분은 '덜 밀었네!'라고 말한다. 맞는 분석인가?

비껴 돌리기를 시도할 때 내 공의 밀리는 정도는 타법보다 회전량이 결정한다. 내 공이 다른 공을 맞히고 나서 1쿠션에서 순방향의 회전력이 얼마나 작용하는가에 따라서 많이 전진하기도 하고 조금 전진하기도 하는 것이다.

타법은 회전량의 발생 정도를 조절하는 수단이다. 짧게 때리는 타법은 내가 선택한 회전력을 순간적으로 극대화시키는 효과가 있다. 따라서 Basic 3의 올바른 분석은 '덜 밀

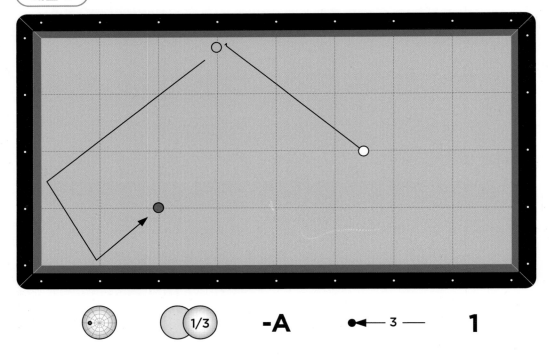

었네!'가 아니라 '회전이 부족했네!'라고 해야 할 것이고, 진행 방향의 회전을 더 발생시키기 위해서는 길게 미는 타법보다는 짧게 때리는 타법이 사용되어야 할 것이다.

Basic 4

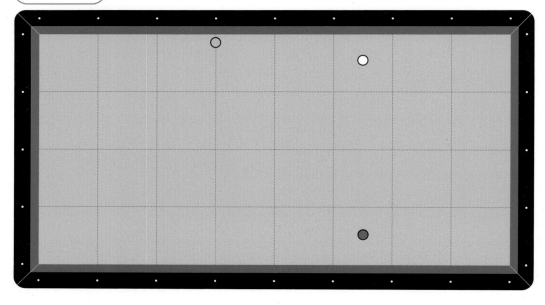

흰 공이 내 공이다. 독자들은 Basic 4의 문제를 어떻게 해결하겠는가? 나름대로 성공률이 높다고 생각하는 경로를 찾아보자. 노란 공을 제1목적구로 선택하여 두께를 3/4, 상단의 11시 방향의 당점으로 가볍게 부딪혀 보자.

비껴 돌리기는 두께를 얇게만 선택할 수 있는 것이 아니다. 제2목적구의 위치에 따라서 두께를 다양하게 바꿔가면서 시도할 줄 알아야 한다.

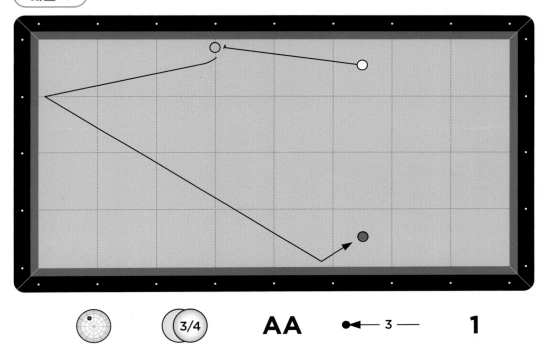

해법 4

해법의 진행도를 보면 예술구처럼 어려워 보이지만 공을 맞고 난 후의 곡선의 경로를 만들려 하지 말고, 두께와 당점에만 집중하면 생각보다 쉽게 성공할 수 있다.

> 당구를 칠 때 우리가 해야 할 일은
> 내 공을 출발시켜서 목적구를
> 원하는 두께로 맞히는 것까지다.

두께를 신경 쓰지 않고 목적구를 맞고 난 후의 진행만 신경을 쓴다면 절대로 발전할 수 없다.

하수는 내가 겨냥한 두께가 내 공이 목적구에 맞는 순간에도 그대로 맞을 것으로 생각한다. 절대로 그렇지 않다.

무회전으로 샷을 해도 스트로크나 주시안 때문에 원하는 두께를 맞히기가 어렵다. 더군다나 좌, 우의 회전을 선택해서 시도할 때는 스쿼트(squirt)와 커브(curve) 현상이 일어나기 때문에 내가 조준한 만큼 두께가 맞는지, 내 공이 제1목적구를 맞는 순간을 눈으로 확인해야 한다.

고수는 제1목적구에 내 공이 부딪히는 순간에 성공 여부를 느낀다.

고수는 제1목적구에
내 공이 부딪히는 순간에
성공 여부를 느낀다

2 : 비껴 돌리기 1의 다양한 배치

장-단-장 쿠션으로 진행하는 비껴 돌리기의 여러 가지 다양한 배치를 도면으로 소개한다. 독자들은 반드시 직접 구사해 보고 답을 찾아야 한다.

성공률이 높다고 생각하는 문제들은 연속 득점을 위한 포지션을 만들 수 있는 해법을 찾아보자. 제1목적구의 진행 방향과 도착 위치를 관찰하면 그리 어렵지는 않을 것이다.

문제에 대한 답은 키스 피하기, 난구풀이와 연속 득점 편에서 소개하겠다. 자신이 찾아낸 답과 비교해 보고 어떤 방법이 더 바람직한지 판단하기를 바란다.

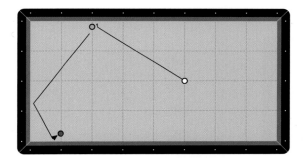

두께 :
당점 :
타법 :
속도 :
큐 기울기 :

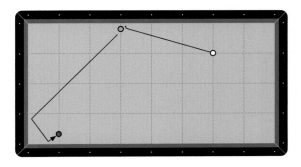

두께 :
당점 :
타법 :
속도 :
큐 기울기 :

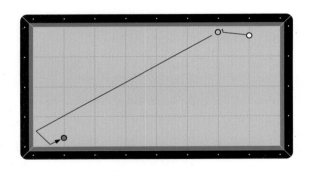

두께 :

당점 :

타법 :

속도 :

큐 기울기 :

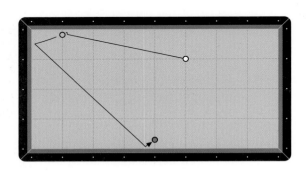

두께 :

당점 :

타법 :

속도 :

큐 기울기 :

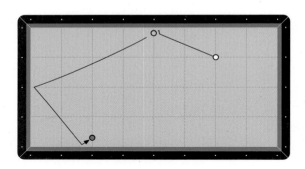

두께 :

당점 :

타법 :

속도 :

큐 기울기 :

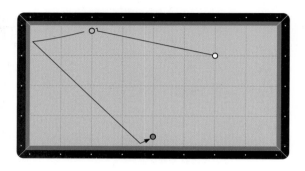

두께 :

당점 :

타법 :

속도 :

큐 기울기 :

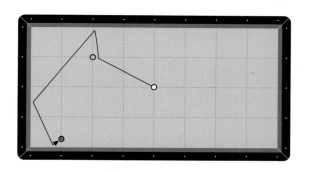

두께 :

당점 :

타법 :

속도 :

큐 기울기 :

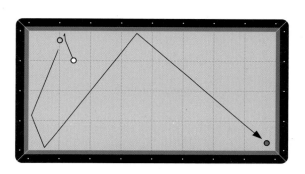

두께 :

당점 :

타법 :

속도 :

큐 기울기 :

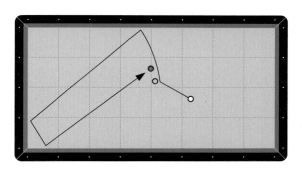

두께 :

당점 :

타법 :

속도 :

큐 기울기 :

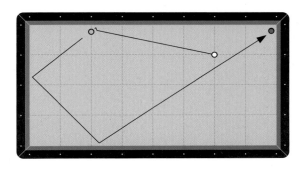

두께 :

당점 :

타법 :

속도 :

큐 기울기 :

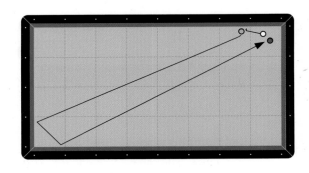

두께 :

당점 :

타법 :

속도 :

큐 기울기 :

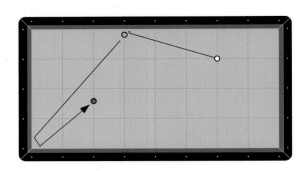

두께 :

당점 :

타법 :

속도 :

큐 기울기 :

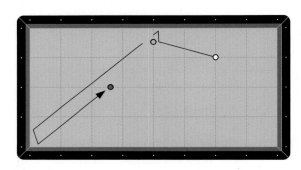

두께 :

당점 :

타법 :

속도 :

큐 기울기 :

3 : 키스 피하기

장-단-장으로 진행하는 비껴 돌리기를 시도할 때 내 공과 제1목적구와의 키스(Kiss)는 거의 없다고 할 수 있으나, 내 공이 4번째 쿠션이나 5번째 쿠션까지 진행하는 경우에는 내 공과 제1목적구 또는 제1목적구와 제2목적구가 만나는 키스가 발생할 수 있다.

키스가 발생하는 배치가 그렇게 다양하지는 않다. 키스가 발생했다고 하더라도 두께와 당점을 바꾸면 제1목적구의 진행 방향과 속도가 완전히 달라지므로 조금만 연습해도 키스에 대한 두려움은 금방 사라질 것이다.

키스가 발생하는 배치를 알아보고 해결 방법을 설명하면서 이해를 돕겠다.

키스 배치도 1

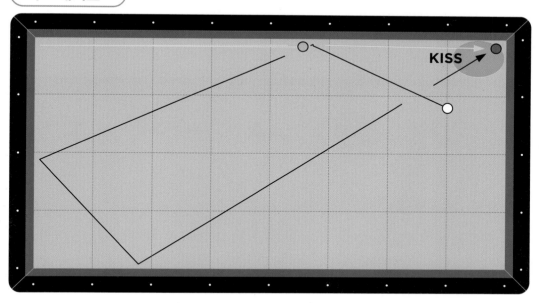

두께를 얇게 선택하면 회전량이 많아도 내 공이 조금 짧게 도착하기 때문에 두께를 1/2 정도로 두껍게 선택해야만 각도를 만들 수 있다.

259

하지만 그렇게 시도를 하면 제1목적구가 단 쿠션과 만난 쿠션을 맞은 후에 도면처럼 제2목적구를 맞히는 키스가 발생하게 될 것이다.

내 공의 진행만 생각하지 말고 제1목적구의 움직임을 관찰하면서 시도해 보자. 키스가 발생한 두께를 피해야 할 것이다. 두께를 얇게 결정하면 득점 각도를 만들 수 없으므로 1/2보다 두꺼운 두께를 선택해야 할 것이다.

키스 피하기 1

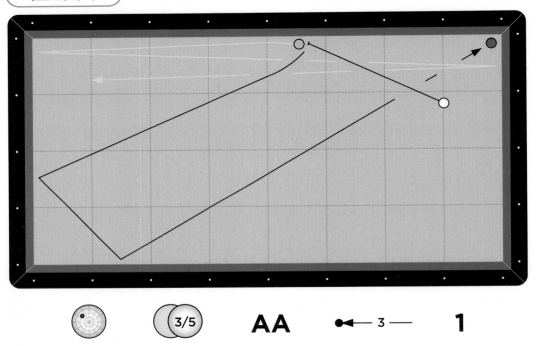

두께가 1/2보다 두꺼우면 내 공의 진행 속도가 매우 느려질 것이다. 따라서 진행 방향의 회전을 유지하면서 전진력을 높일 수 있는 10시 30분 방향의 당점을 선택해야 한다.

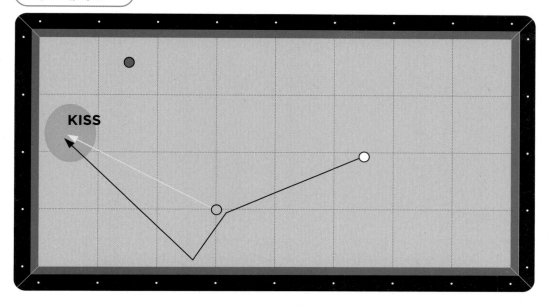

순방향의 회전이 많으면 내 공이 밀리면서 길어질 것 같아서 적은 회전력으로 제1목적
구를 얇게 맞히면 2번째 쿠션에서의 키스를 피할 수 없다.

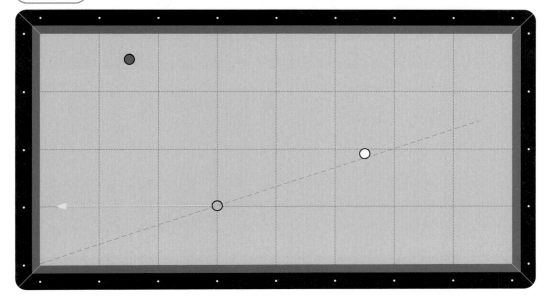

코너와 제1목적구의 중심을 연결하는 직선을 기준으로 정하고 내 공이 기준선의 1쿠션 쪽에 놓여 있으면 뒤 돌리기를 시도하는 것이고, 내 공이 기준선보다 3쿠션 쪽에 놓여 있으면 비껴 돌리기를 시도하는 것이다.

비껴 돌리기를 시도할 때 키스를 피하는 가장 쉬운 방법은 제1목적구를 단 쿠션에 직각으로 진행시키는 것이다. 따라서, 내 공이 기준선에 가까이 놓일수록 두께를 두껍게 결정해야만 제1목적구를 단 쿠션의 직각 방향으로 보낼 수 있고 안전하게 키스를 피할 수 있다.

키스 피하기 2

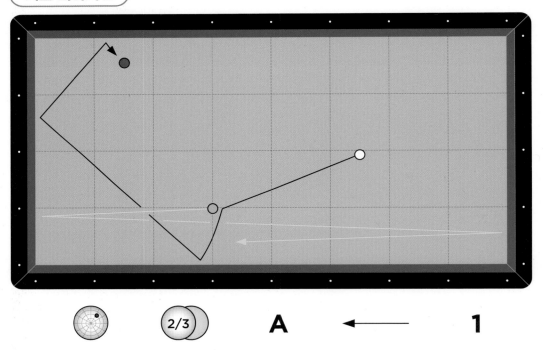

두께를 두껍게 맞힌다고 하여 세게 치거나 때리지 않도록 주의하자. 내 공이 이동해야 할 거리가 그리 많지 않기 때문에 부드럽고 길게 밀어서 샷을 해도 충분히 득점할 수 있다.

키스 배치도 3

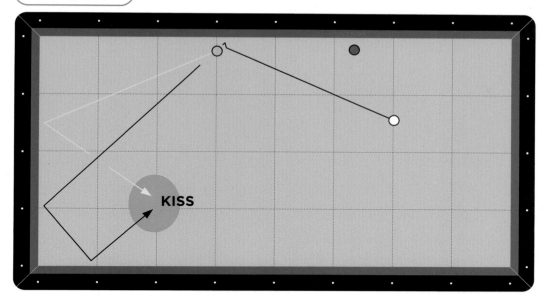

이번에는 내 공이 3쿠션을 맞고 제2목적구를 향하여 진행하는 도중에 제1목적구와 만나게 되는 안타까운 경우다.

키스 피하기 3

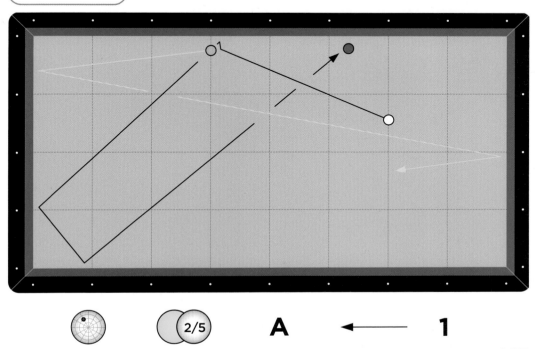

마찬가지 경우이다. 내 공이 길게 진행하지 않도록 회전을 적게 결정하고 두께를 얇게 하면 키스를 피하기가 어렵다.

키스를 피하기 위해 두께를 2/5, 회전을 11시로 선택하면 키스를 전혀 걱정하지 않고 득점을 할 수 있다.

비껴 돌리기를·시도해야 하는 배치는 제1목적구가 쿠션에 가까이 위치한 경우가 많다. 그러므로 두께를 너무 얇게만 선택하지 않으면 내 공과 제1목적구와의 키스는 거의 없다고 해도 과언은 아니다. 다만 제1목적구가 제2목적구를 맞히는 키스를 예상하고 피할 수 있다면 성공률이 훨씬 높아질 것이다.

앞에서도 말했지만 비껴 돌리기의 성공률을 높이는 가장 빠른 방법은 내 공의 회전력이 각도를 어느 정도 만들어내는지를 아는 것이다. 이런 각도의 변화를 모른다고 계산법을 배우지 말아야 한다.

앞에서 설명한 키스 배치도는 계산법을 배운 사람들이 저지르는 실수이다. 매번 시도할 때마다 키스를 피하지 못한다면 실수가 아니라 실력인 것이다.

**다양한 문제를 경험하면서
두께에 따른 당점과 속도, 타법을 기억하는 것이
최고의 지름길이다.**

4 : 난구

비껴 돌리기에서 난구(難球)라고 하는 배치의 대부분은 얇은 두께를 선택하고 최대 회전으로 시도했을 때의 한계각을 벗어난 위치에 제2목적구가 놓여 있는 상황이다. 이럴 경우에는 두께를 두껍게 시도해야 하는데 평소에 두꺼운 두께를 많이 연습해 보지 않았기 때문에 어렵다고 느낄 수밖에 없다.

또한 두께를 두껍게 결정하면 내 공이 휘면서 진행하므로 내가 생각한 2번째 쿠션의 위치에 정확히 보내기가 어려워진다.

이런 어려운 배치를 무조건 피해만 갈 것인가? 다른 사람들이 시도하고 성공한다면 독자들도 할 줄 알아야 한다. 연습량에 따라서 난구가 기본구로 바뀐다.

기초를 탄탄히 다지고 이를 바탕으로 두께를 바꿔가면서 다양한 변화를 경험하고 몸으로 기억한다면 어느새 고수의 반열에 올라있을 것이다.

독자들이 생각하는 답과 필자가 적어놓은 답을 비교해 보고 더 좋은 방법이라고 생각하는 답을 내 것으로 만들자.

> 기초를 탄탄히 다지고 이를 바탕으로
> 두께를 바꿔가면서 다양한 변화를 경험하고
> 몸으로 기억한다면 어느새 고수의 반열에 올라있을 것이다.

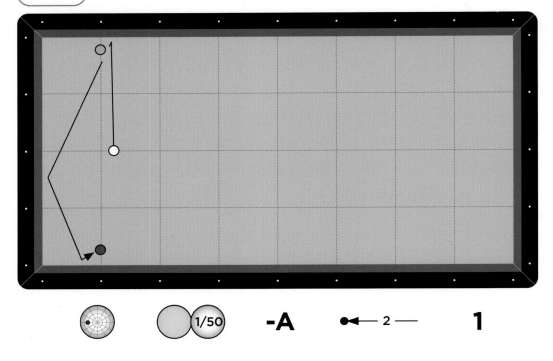

난구 1

수지가 낮을수록 두께를 세분화하여 쪼개는 능력이 없다.

3구 경기의 당구공의 지름은 61.5mm이다. 따라서

두께 1/2은 30mm 정도,
두께 1/3은 20mm 정도,
두께 1/4은 14mm 정도,
두께 1/5은 12mm 정도,
두께 1/8은 7.5mm 정도,
두께 1/10은 6mm 정도가 된다.

나메(なめ)로 맞히라는 것은 일본어로 제1목적구의 끝 면을 맞게 1/10 미만으로 스치고 지나갈 정도의 두께를 맞히라는 말이다. 필자는 1mm 정도의 두께를 맞히는 것을 1/50으로 표기하였다. 독자들은 두께를 대충 맞히려 하지 말고 세분화하여 정교하게 두께를 맞히는 연습을 해야 한다.

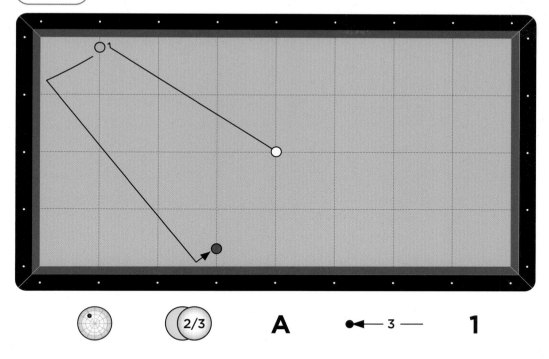

키스가 발생하지 않을 정도로 두께를 최대한 얇게 선택해서 시도해도 아깝게 득점을 하지 못할 것이다. 물론 당구대에 기름기가 적으면 가능하다.

비껴 돌리기를 시도할 때 각도를 만들기 위해 회전량을 늘리는 방법도 있지만, 최대 회전으로도 각도가 만들어지지 않으면 두께를 바꿔야 한다.

키스가 발생하지 않을 정도로 두께를 2/3 정도로 두껍게 선택하고 회전을 약간만 줄여서 시도해 보자. 두 번째 쿠션에서 솟아오르면서 득점을 할 수 있을 것이다.

내 공이 제1목적구를 맞고 나서 밀리도록 하기 위해서 큐를 길게 뻗어서 쳐야 할 필요는 없다. 두께가 1/2보다 두꺼우면 저절로 내 공의 밀림 현상이 발생한다.

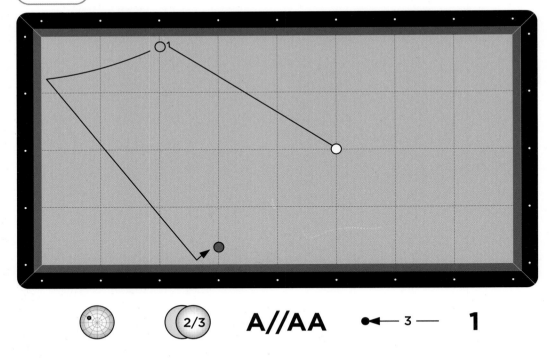

A//AA   ← 3 —   1

난구 2번의 문제보다도 조금 더 어려운 문제라고 할 수 있다.

최대 회전으로도 득점 각도가 만들어지지 않으므로 두께를 두껍게 선택해야 한다. 두께에만 집중하면서 부드럽고 느리게 시도해도 득점이 가능하지만, 포지션을 위해서 조금만 빠르게 시도해 보자. 제1목적구가 당구대를 크게 돌아서 장 쿠션의 중앙 부근에 도착할 것이다.

속도가 빠르면 두께를 정확하게 맞히는 것이 불안해진다. 내가 생각하는 두께가 내 공이 제1목적구를 맞는 순간에 정확히 맞는지 관찰하는 습관을 들여야 두께의 정확성이 길러진다.

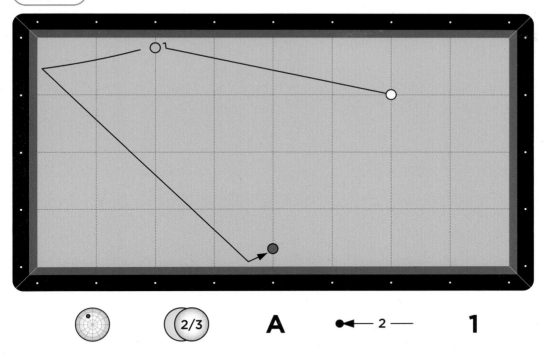

실전에서 상당히 많이 접하게 되는 배치일 것이다.

대부분 독자는 빨간 공을 선택하여 옆 돌리기 대회전으로 시도할 것으로 예상된다. 나쁜 방법이 아니라 두꺼운 두께를 선택해서 시도해야 하는 문제를 자신이 없다고 피하지 말라는 말이다. 자신이 없다는 말은 연습을 해 본 적이 없거나 연습량이 적다는 것이다.

고수가 되기 위해서는 다양한 경험이 필요하다. 두께를 다양하고 폭넓게 구사할 수 있다면 다른 사람들보다 난구가 줄어들 수밖에 없다. 남들이 못 치는 공을 칠 수 있다면 얼마나 뿌듯하겠는가?

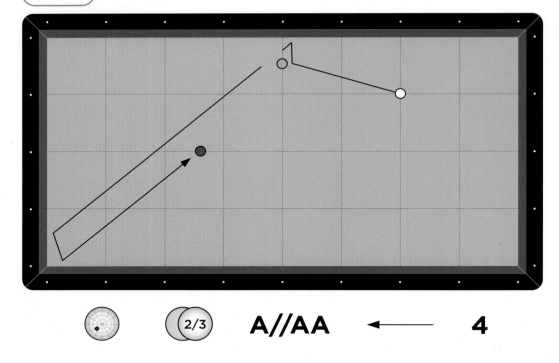

A//AA ⟵ **4**

누구나 빨간 공을 제1목적구로 선택하여 뒤 돌리기를 선택하는 문제의 배치이나 노란 공을 제1목적구로 선택하여 비껴 앞 돌리기를 시도해 보자. 부득이하게 이런 경로를 선택해야 할 때가 있기 때문에 연습을 해 놓는다면 어려운 위기를 극복할 수 있을 것이다.

두께를 2/3로 선택하여 키스를 완벽하게 피할 수 있도록 하고 이에 따른 당점을 선택해 보자. 독자들은 어느 당점을 선택할 것인가?

만약 무회전(No English)으로 내 공이 진행한다면 코너에 정확하게 도착시켜야 하는 부담이 있을 것이다. 진행 방향의 회전력이 있다면 두 번째 쿠션의 위치가 반드시 코너가 아니어도 충분히 득점을 할 수 있을 것이다.

5 : 연속 득점

비껴 돌리기 1의 포지션 플레이는 생각보다 간단하다. 제1목적구를 많이 움직이지 않게 하거나, 장 쿠션을 따라서 이동시키거나, 대각선 방향의 코너로 진행시키는 방법이다.

어려운 해법이 있는 것이 아니라 제1목적구의 방향이나 속도를 조절하기 위하여 두께를 신중하게 선택하고 이에 따른 당점을 선택하면 된다.

뒤 돌리기나 옆 돌리기의 연속 득점(Position Play) 편에서 몇 가지 방법을 소개하였다. 그런 방법들도 역시나 비껴 돌리기에 적용이 되므로 독자들도 다양하게 시도해 보기를 바란다. 간단하게 독자들이 이해하기 쉬운 몇 가지 경우만 소개하겠다. 나머지 다양한 문제는 포지션 플레이를 참고하길 바란다.

문제 1

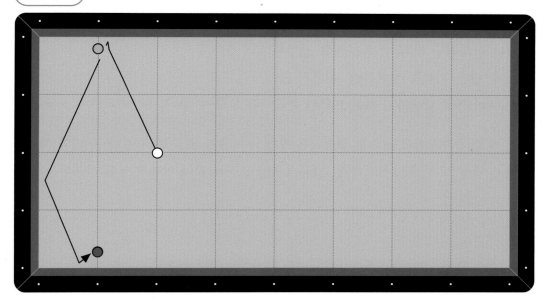

득점하기가 너무 쉽다는 생각이 드는 문제이다.

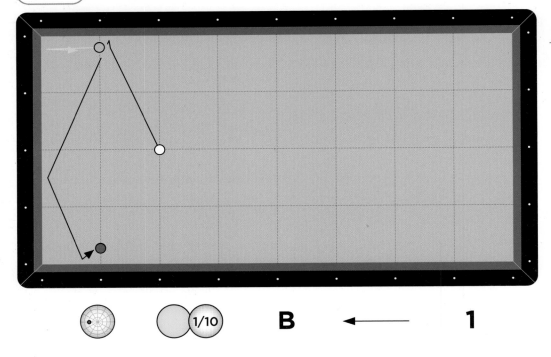

제1목적구를 어디쯤 도착시킬 수 있겠는가?

단순하게 득점을 하기 위해 두께를 설정한다고 해도 두꺼운 두께를 선택하지는 않을 것이다. 얇은 두께를 선택하면 제1목적구도 느리게 진행하므로 많이 움직이지 않도록 하는 것이 가장 단순하고 쉬운 포지션 플레이라고 할 수 있다.

진행 방향의 좌회전을 최대로 결정하면 두께의 여유가 조금 더 생긴다. 두께의 여유가 있다고 해서 그 두께로 시도하면 제1목적구는 그만큼 많이 이동하게 될 것이다.

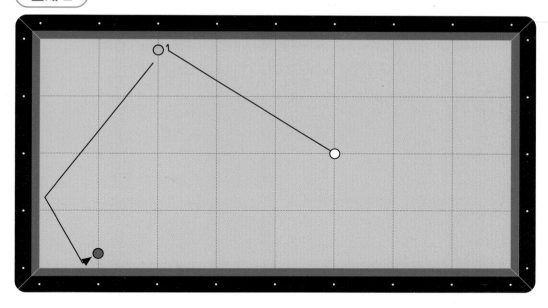

이번 문제는 두께를 자유롭게 선택할 수 있다.

제1목적구가 쿠션에 가까이 놓여 있으면 습관적으로 두께를 얇게 선택하게 된다.

제1목적구와 내 공이 놓인 각도에 따라서 어느 정도의 두께를 선택해야 제1목적구가 쿠션을 따라서 이동하는지 알고 있어야 한다.

제1목적구가 장 쿠션을 따라서 이동할 수 있는 두께를 먼저 선택하고 이에 따른 당점을 찾아서 시도해 보자. 장 쿠션 중앙이 아니라 반대쪽 코너까지 이동하도록 속도를 결정한다면 득점 후에 연속 득점이 쉬운 배치를 만들어 수 있다.

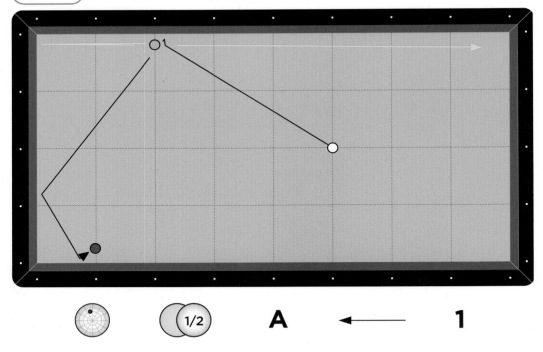

두께를 얇게 선택해야 할 것으로 보이지만 생각보다는 조금 두껍게 1/2 정도로 선택하면 자연스러운 속도 조절이 이뤄지면서 제1목적구가 코너에 도착할 것이다.

문제 3

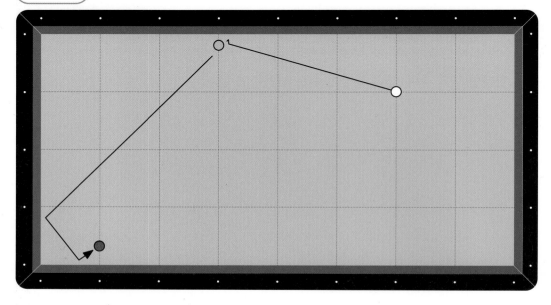

독자들은 이번 문제 3에서 제1목적구가 어디에 도착하도록 두께를 선택하는 것이 좋은지 고민을 해야 한다.

도면만 보고 판단을 한다면 제1목적구가 장 쿠션을 따라서 이동하도록 시도하면 별다른 무리가 없어 보이지만 실제로 당구대에서 배치를 놓고 연습을 해 보면 두께를 매우 두껍게 선택해야만 제1목적구가 장 쿠션을 따라서 이동할 수 있다.

그런 두께를 선택하게 되면 내 공의 속도도 느려질 뿐만 아니라 많이 밀리면서 득점이 어려워지게 된다.

해법 3

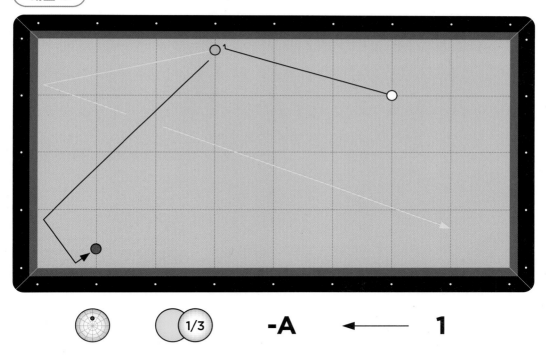

제1목적구가 당구대의 대각선 방향으로 진행하도록 두께를 선택해 보자.

두께를 1/3 정도로 선택하면 내 공과 제1목적구의 속도 밸런스(Speed Balance)가 자연스럽게 이뤄지면서 득점과 포지션이 만들어질 것이다.

6 : 비껴 돌리기 1의 다양한 포지션 플레이

비껴 돌리기 1의 다양한 포지션을 소개한다.

득점하기 어렵지 않은 비껴 돌리기는 연속 득점을 생각해서 힘 조절이 필요하다. 제 2목적구가 너무 세게 맞으면 한쪽으로 목적구 두 개가 모두 몰리기 때문에 스스로 난구를 만들 확률이 높다.

제1목적구가 많이 움직이지 않도록 얇게 시도하거나, 장 쿠션을 따라서 움직이도록 하거나, 아니면 당구대를 대각선으로 가로질러서 움직이도록 하는 방법까지 세 가지만 기억하고 있어도 포지션 플레이가 가능하므로 두께의 설정이 매우 중요하다.

여기서 소개하는 포지션 플레이는 실전에서 선수들이 구사하는 처리 방법 위주로 소개하는 것이므로 반드시 숙지하고 수많은 반복연습으로 자신의 것으로 만들기를 바란다.

득점하기 어렵지 않은 비껴 돌리기는 힘 조절이 필요하다.
참고 동영상을 참고하세요.(1~16)

비껴 앞 돌리기1

비껴 앞 돌리기16

Case 1

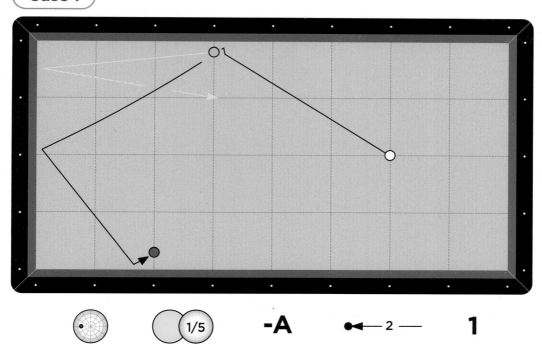

  1/5 　-A　•← 2 —　1

Case 2

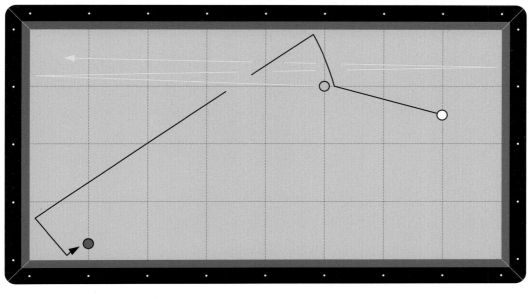

 3/4　A//AA　•← 2 —　4

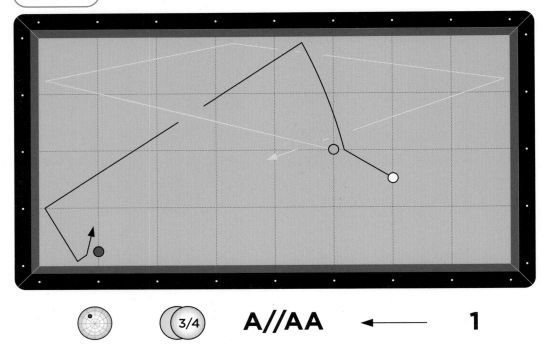

A//AA ← 1

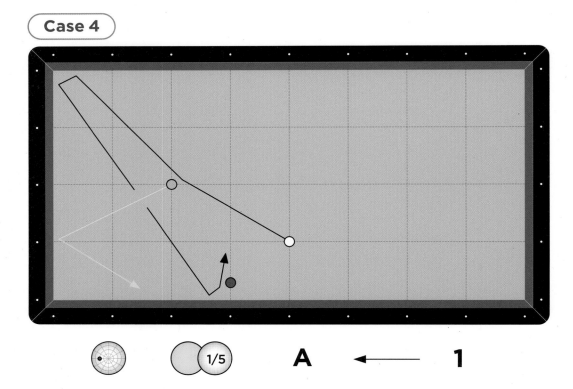

A ← 1

Case 5

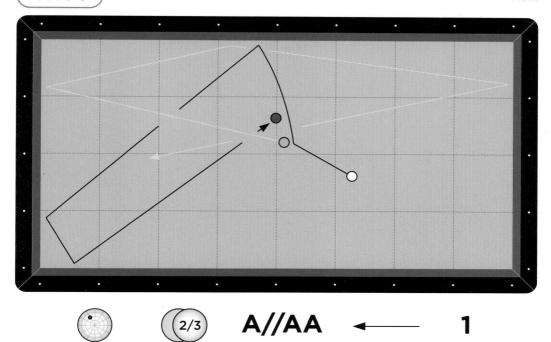

  (2/3) **A//AA** ← 1

Case 6

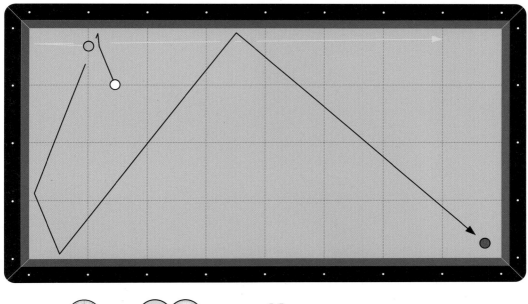

 (1/10) **A//AA** ← 1

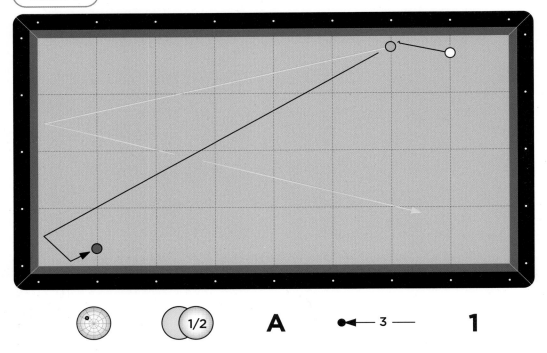

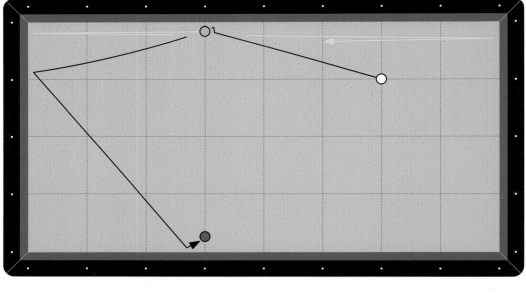

Case 9

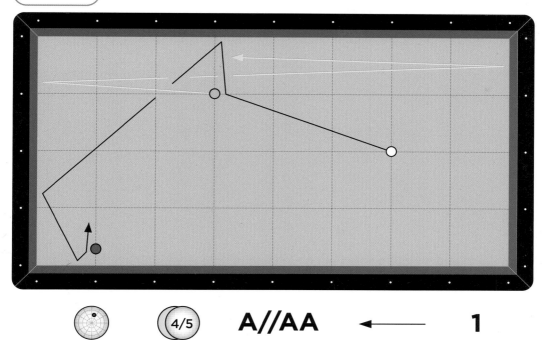

A//AA   ←   **1**

Case 10

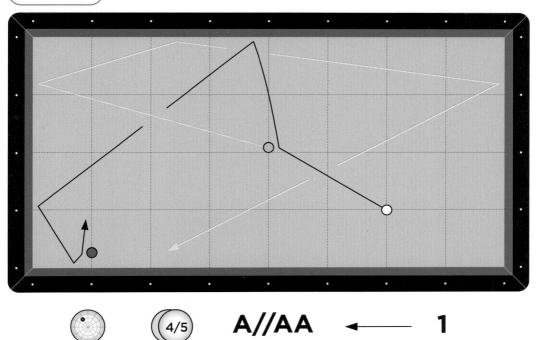

A//AA   ←   **1**

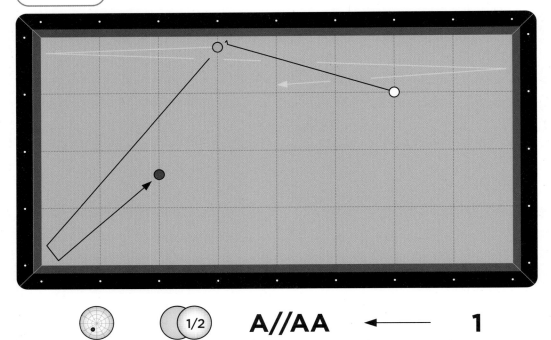

A//AA ← 1

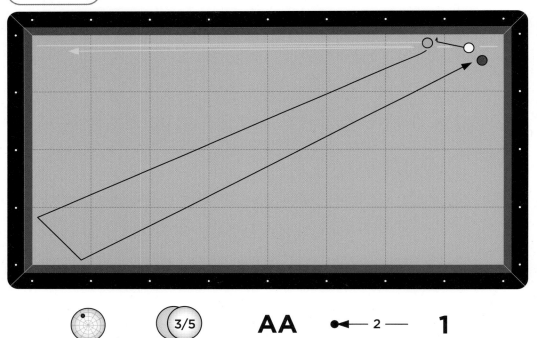

AA ●← 2 — 1

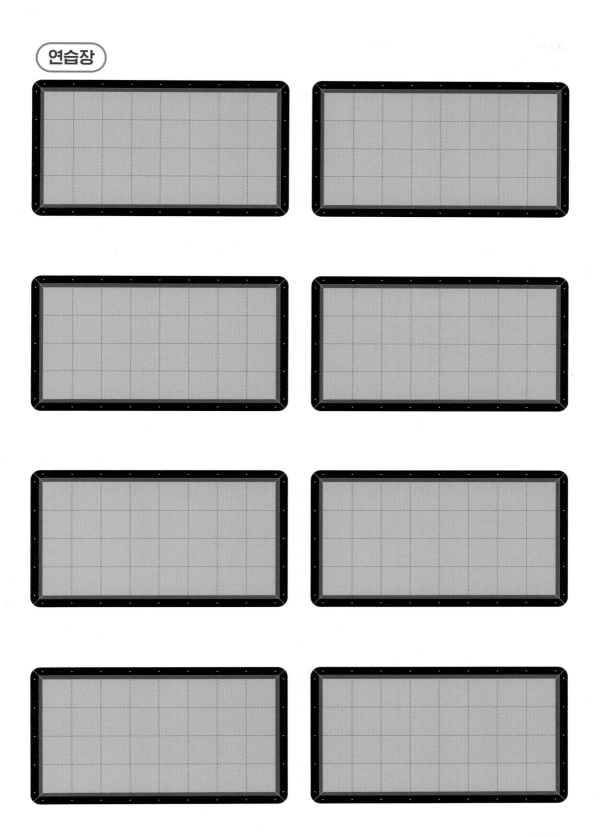

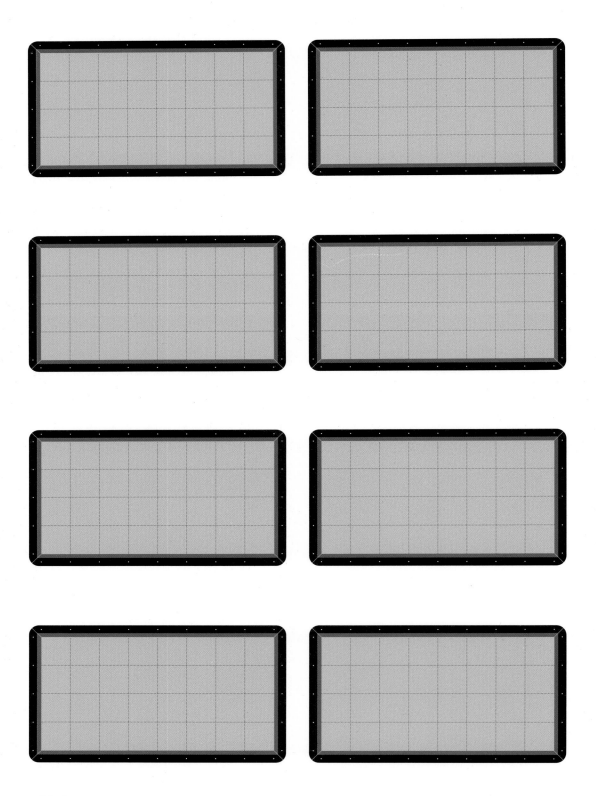

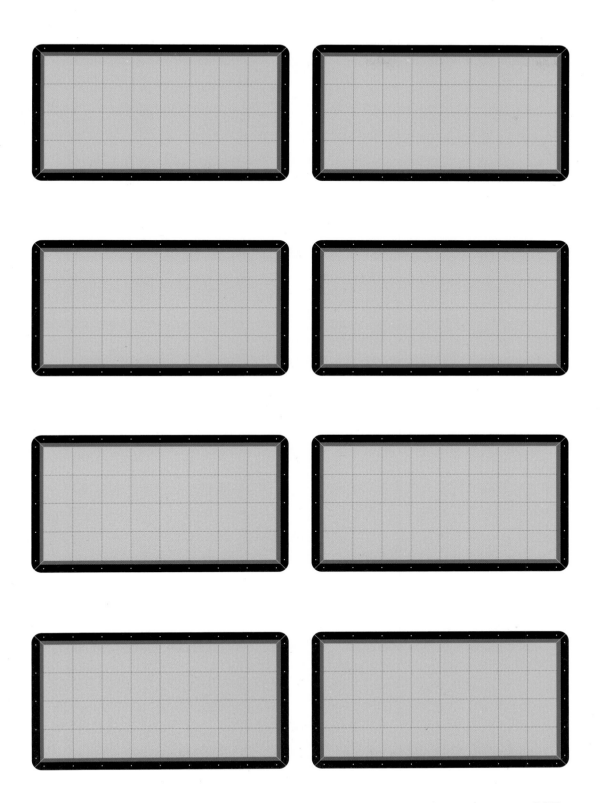

당구는 머리로만 하는 잡기가 아니라 몸으로 하는 운동이다. 계산법을 아무리 공부하고 고수들의 경기를 아무리 보아도 실전에서 한 번에 성공시킬 수 있도록 연습을 하지 않는다면 눈만 높아지고 허세만 부리게 된다.

같은 두께라도 속도에 따라서 내 공의 진행은 달라지고, 같은 타점이라도 속도에 따라서 회전의 양이 달라진다. 또한 속도에 따라서 원하는 두께를 맞히거나 못 맞힐 수도 있고, 큐를 같은 방향으로 겨냥해도 타점의 위치에 따라서 내 공의 진행이 달라지기도 한다. 따라서 속도와 두께는 당구인들이 평생의 숙제로 삼아야 할 문제이고, 연습만이 발전할 수 있는 지름길이라는 것을 명심해야 한다.

누구나 당구를 잘 치고 싶어 하지만 모든 사람이 잘 칠 수는 없다. 왜냐하면 연습을 하지 않기 때문이다. 연습을 많이 하는데도 발전하지 못하는 사람은 잘못된 연습을 하고 있거나 연습만 하고 외우지 않기 때문이다.

연습은 혼자 하는 것이지만 어떤 연습을 해야 하는지, 내가 하는 연습이 바른 연습인지를 지적해 줄 수 있는 선생님이 꼭 필요하다. 혼자 연습하면 많은 시간을 낭비할뿐더러 혼자서 잘못된 이론을 만들기 때문에 옆에서 지켜봐 주는 선생님이 꼭 필요하다.

공부나 운동이나 기초는 매우 중요하다. 많은 사람이 입으로는 당구를 스포츠라고 말하면서 실력을 쌓기 위해 운동을 해야 한다는 생각은 하지 않는다. 모든 운동이 그렇듯이 당구 실력을 쌓으려면 당구를 칠 수 있는 근육부터 만드는 운동을 해야 한다. 하체와 허리의 근력과 큐를 물 흐르듯 자연스럽게 움직일 수 있는 팔과 어깨의 근육을 키워야 한다. 이러한 기초부터 차분하게 다듬어 가다 보면 자기도 모르게 엄청나게 성장해 있다는 것을 느낄 것이다.

그러므로, 가르치는 사람은 매우 조심스러워야 한다. 어깨너머로 들은 어설픈 이론으로 초보자들을 가르친다면 시간이 지나고 나서 자기가 뱉은 말을 주워 담지 못하는 경험을 하게 될 것이다.

에필로그

이 책을 읽는 독자들은 반드시 실력이 향상되어야 한다. 왜냐하면 어떤 책에서도 누구에게서도 듣지 못한 아니, 보고 들었어도 망각하고 있던 비기(秘記)들이 곳곳에 숨어 있기 때문이다. 또한 현역 선수들이 실전에서 구사하고 있는 해법을 바탕으로 저술한 내용이므로 독자들에게는 더할 수 없이 엄청난 자료가 될 것이다.

한번 보는 것으로 끝내서는 안 된다. 보는 것만으로는 절대로 내 것이 되지 않는다는 것을 독자들이 더 잘 알 것이다. 당구대 옆에 책을 펴 놓고 될 때까지, 실전에서 적용시킬 수 있을 때까지 연습에 연습을 거듭하여야 한다.

누구나 선수가 될 수 있다. 하지만, 연습하지 않는 사람은 절대로 발전할 수 없다. 이것은 당구뿐만 아니라 모든 분야에서 불변의 진리이다.